채식주의를 넘어서

채식주의를 넘어서

Beyond Vegetarianism

고미송

푸른사상
PRUNSASANG

쩨리에게

작년 말부터 올해 초반까지 구제역 파동으로 엄청난 수의 가축들이 죽어야 했고 심지어는 생매장을 당해야만 했다. 많은 이들이 안타까워했고 이를 계기로 채식에 관심을 기울이게 된 사람들도 늘었다. 하지만 인간은 망각의 동물이어서 그 어떤 충격적인 사건이 벌어져도 시간이 지나면 다 잊어버리고, 한동안 달아올랐던 채식의 열기도 어느새 익숙한 고기 맛에 눌려버리고 말았다. 돼지 생매장의 현실은 끔찍하지만 과연 그것이 전에 없던 새로운 사건이었을까? 진실은 그것이 우리 현실의 일부라는 사실이다. 육식동물이 날마다 다른 생명체를 잡아먹듯이, 인간세상의 도살장에는 날마다 수를 헤아릴 수 없는 살생이 이루어지고 있다. 우리는 저마다의 크고 작은 고통에서 벗어나기 위해 열심히 노력하고 싸우지만 우리의 삶 자체가 이미 다른 생명체들의 고통의 바다 위에 세워진 가건물과도 같다. 그러니, 일시적인 연민이나 감성적인 자각도 중요하지만 보다 근본적인 것은 스스로에 대한 성찰이다. 왜 우리는 이러한 현실을 살아가고 있는지, 원인의 원인을 살펴볼 수 없다면 우리의 대응은 자극에 대한 일종의 신경반사적 반응을 넘어서지 못할 것이다.

이 책은 동물에 대한 관심에서 출발했다기보다는 동물을 살생하는 문화 속에서 살아가는 인간에 대한 성찰을 의도하고 있다. 보다 정확히 말하면, 필자 본인이 가진 고민의 실타래들을 풀어나가는 과정에서 마주하게 된 몇 개의 정거장들을 내보이는 일이기도 하다. 여성으로서 남녀불평등의 현실을 문제삼아왔던 맥락이 단순한 집단이기주의를 넘어서기 위한 조건은 무엇인가, 평등이라는 개념의 근본적인 의미는 과연 무엇인가, 무엇을 어디까지 정당하게 주장할 수 있을까, 내 양심의 테두리는 어디까지이며 그것의 근거는 무엇일까……

특정 답에 안주하기는 쉽지만 현실은 끊임없이, 모든 정답을 가차없이 깨주곤 한다. 정답의 편리함은 특정 종교나 사상에 고착된 이들의 안락함을 위해 봉사하지만 그것의 대가는 현실을 제대로 보지 못하는 한계에 갇힌다는 점이다.

진실은 항상 우리가 옳다고 믿는 그 무엇의 너머에 있기 때문이다.

〈채식주의를 넘어서〉라는 제목은 채식이라는 보다 나은 삶을 선택할 필요성에 대한 강조임과 동시에, 채식주의라는 사상과 올바름이 우리의 눈과 귀를 가로막게 되는 것을 경계하는 의미를 담고 있다. 이것은 불교라는 종교의 틀을 고집할 경우에도 마찬가지라고 본다. 불교는 채식을 하는 종교다 아니다는 모두 말에 불과하다.

그럼에도 불구하고 달을 가리키는 손가락의 세상에서 채식의 의미를 탐구하고 살생의 문제를 어떻게 해결할 것인가, 그리고 이 세상의 여타 문제들을 어떻게 마주할 것인가에 대한 방법론을 추구하는 고민의 흔적을 이렇게 또 내놓게 되었다. 손가락이라기보다는, 손가락이고자 했던 지난 십 년간의 작은 시도들의 모음이라고 보아주기를 바란다.

1부는 채식주의자의 입장에서 인간이 동물을 대하는 인식론적 자세의 안이함을 밝히고자 하는 가벼운 단상들이며, 2부는 여성주의자의 입장에서 채식의 필요성을 정당화하고자 하는 보다 본격적인 탐구의 글들이다. 3부는 진리를 구하는 수행자의 입장에서 살생의 고통을 어떻게 이해하고 넘어설 것인가에 대한 고민을 담은 글들이다. 육식은 개인적 행위이기에 앞서 사회적인 시스템이지만, 사회 문제를 해결하기 위한 접근은 다시 '안에서'부터 이루어져야 한다고 보고 있다.

아직 채식 인구가 얼마 되지도 않은 현실에서 너무 앞서나가는 내용이 아닌가 생각될 수도 있겠지만, 모든 '문제들'에는 유사한 딜레

마와 모순과 자가당착이 잠재해 있다고 보기 때문에 주체 스스로를 돌아보는 차원에서 유의미한 내용이 될 수 있으리라 본다. 다시 한 번, 이 책은 정답을 구하는 시도가 아니라 정답을 구하는 주체 자신을 돌아보고자 하는 시도이다. 스스로를 이해하게 될 때 답과 더불어 문제도 이해되리라고 믿는다.

2011년 10월
고미송

Ⅲ. 불교 수행자의 관점에서

I
채식주의자의 관점에서

1장 먹는다는 것은 무엇일까[*]

"우리는 살고 싶다".

촛불집회 때 등장했던 다양한 구호 중에 있었던 문장이다. 광우병의 위험에 직면했을 때 누구나 느낄 수 있는 불안감을 가장 솔직하게 표현한 문장이 아닐까 싶다. 너무나 솔직해서 당황스럽기까지 했다. 그런데 놀라웠던 것은 죽음의 위협을 사람들이 이렇게 쉽게, 생생하게 느끼고 있었다는 점이다. 사실 우리의 일상은 이미 죽음의 위협으로 둘러싸여 있음에도 불구하고 대부분의 사람들이 이에 대해 무감각한 경향이 있는 것에 비추어 본다면 다소 놀라운 일이 아

---

[*] 이 글은 "육식과 먹는다는 것에 대한 몇 가지 생각"이라는 제목으로 『환경과 생명』 57호(환경과 생명, 2008)에 실렸다.

닌가. 교통사고는 말할 것도 없고, 시설 안전에 대한 불감증으로 언제나 뒤늦게 사고가 터진 다음에서야 문제를 해결하려는 방식을 익히 보지 않았던가. 자기가 근무하고 있는 건물에 안전시설이 제대로 갖추어져 있지 않다고 집단항의하는 경우를 보기는 힘들다. 생명에 위협적인 다른 수많은 환경들에 대해 민감하게 반응하지는 않았어도, 광우병의 위협은 상대적으로 크게 다가왔던 것으로 풀이된다. 이 경우에는 분명 국민 주권이 무시되고 있다는 정치적 판단이 크게 작용하였지만, 다수의 참가자들은 또한 자신의 생명이 위협받고 있다는 인식에서 출발한 것도 사실이다.

죽지 않고 살고 싶다는 생각은 가장 원초적인 본능인데 이것이 "먹는 것"과 관련해서 문제가 될 때 더 직접적으로 다가온다. 왜냐하면 먹는 것이야말로 우리 삶의 가장 기본적인 욕구이기 때문이다. 흔히 말하듯이 온갖 힘든 일들을 하는 것도 '다 먹고 살자고 하는 짓'이 아닌가. 모든 살아있는 존재들은 살고 싶어 한다. 소들도 예외는 아니다.

"우리는 살고 싶다"는 표현이 나에게 당혹스러웠던 것은 바로 이 사실 때문이었다. 이 문장은 너무나 적나라한 진실의 고백이기 때문에 그 진실성의 빛을 통해 또 하나의 진실을 - 즉 소들도 살고 싶어 한다는 - 노골적으로 비추어줄 수 있었음에도 불구하고 그 언저리에도 미치지 못했다는 점이 신기할 따름이었다. 몇 달 동안 TV 뉴스에서는 수시로 도살된 소들의 시체가 거꾸로 매달려 있는 모습을 볼 수 있었다. 뿐만 아니라 광우병특정위험물질(SRM)에 대한 언급을 통해 소의 뇌, 두개골, 혀, 척수, 척추, 내장 등과 같은 용어들이 끊임없이 회자되곤 하였다. 어느덧 전 국민이 도축과정에 대해서까지 전문가가 되는 듯싶었다. 가죽 벗겨진 시체의 매달린 모습과 내장과 척수 등에 대한 이야기 속에서도 관심은 오직 하나였던 것으로 보인다. 우리, 인간들의 건강 말이다.(물론 촛불집회의 맥락은 현 정권에 대한 총체적인 실망 혹은 거부감과 관련되어 있으나 이에 대한 논의는 본 주제를 벗어나는 것으로 여겨 생략하겠다.)

'우리는 미국산 쇠고기를 먹고 싶지 않다는데 우리의 의사를 무시하는 대통령은 도대체 어느 나라 대통령이냐'에서부터 '광우병의 확률이 로또보다도 적다'는 주장에 이르기까지, 논란이 되었던 수많은 쟁점들 속에서도 한 가지 공통적인 분모가 있었다면 그것은 바로 "값싸고 질 좋은 쇠고기를 원한다"는 점이었다. 물론 돈 있는 사람들은 비싼 한우를 먹을 수 있다는 점 때문에 더 많은 분노가 쏟아지기도 했지만 그런 점에서 쇠고기를 둘러싼 계층적 갈등과 정치적 대립이 부각되었는데 여기서 정작 광우병의 당사자인 소들은 어디에도 없었다. 광우병이 위험하네 아니네, 먹어도 되네 안 되네, 먹기 싫으니 너나 먹어라……. 소들은 말이 없었다.

조금은 엉뚱하고 부적절한 비유이긴 하지만, 이혼하려는 두 부부가 병에 걸린 자식을 서로 떠넘기는 상황이 연상되었다. 〈저 정도면 충분히 멀쩡하니 당신이 잘 키워봐〉라고 남편이 말하고, 〈무슨 소리야! 완전히 병든 아이인데 내가 키웠다간 나까지 병들어 죽을 거야, 너나 키워〉라고 아내가 말한다. 이들은 마치 아이가 말을 못 알아듣기라도 하는 양 싸우고 있지만, 아무리 어린아이라 해도 직감적으로 상황을 알아차린다. 그리고 병은 깊어만 간다.

그런데 이 병은 어디에서 비롯되었는가? 그것은 바로 "값싸고 질 좋은 쇠고기"를 얻겠다는 우리의 욕망에서 비롯되었다. 값싸고 질 좋은 쇠고기라는 표현 속에는 엄청난 폭력이 내재되어 있다. 고기라는 것은 동물의 몸인데, 그 몸이 질이 좋으려면 그 동물이 매우 건강해야만 가능한 일이다. 어린아이가 건강하게 잘 자라기 위해서 얼마나 많은 정성과 돈이 필요한가! 마찬가지로 소가 건강하게 잘 자라기 위해서도 좋은 조건과 유지비용이 필요하다. 잘 먹어야 하고, 스트레스받지 않는 좋은 조건 속에서 생활해야 하고, 아플 때는 즉각적으로 치료받아야 한다. 이를 위해서는 결국 많은 돈을 써야 한다. 그러나 돈이 많이 들어가면 그만큼 "비싼 소"가 되는데 우리는 "값싼 소"가 필요하다. 값을 내리기 위해서는 단기적인 효율성에 입각하여 공장식 축사를 만들고, 소들이 아프면 근본적인 원인을 생각하지 않고 단기적인 효과를 위해 무조건 항생제를 투여한다. 왜냐하면 어린이 소는 어른 소가 되고 노인 소가 될 때까지 건강하게 살아야 하는 것이 아니라 시장에 내다팔 때까지 몇 년간만 버텨주면 되기 때문이다. 어차피 곧 죽을 생명체를 완전한 건강 상태로 회복시키기 위한 노력을 할 필요가 있을까? 대부분의 가축들은 도살 직전에 이미 병들어 있다고 한다. "종양을 앓고 있는 동물이라 하더라도 그 부위만 제거되면 정상적인 고기로 판매된다".[1] 우리가 먹는 고기에 대해 우리는 과연 얼마나 알고 있을까. '검역 주권'만으로는 해결될 수 없는 문제이다. 게다가 알다시피 한국의 소들도 결코 광우병으로부터 안전하지 않은 상황이다.

생명체를 이윤의 논리로 접근했을 때에는 어떠한 경우에도 자가당착에 빠지게 마련이다. 땅으로부터 짧은 시간 안에 많은 양의 곡물을 수확하려고 하거나, 유전자 변형을 통해 단기적인 이득을 얻으려고 하거나, 노동력의 재생산을 무시한 채 노동강도를 높이기만 하고 비정규직을 늘리기만 할 때 결국 문제는 언젠가 부메랑처럼 되돌아온다. 생명체는 모든 것과 연결되어 있으나, 이윤의 논리는 늘 맥락을 무시한 채 단기적인 결과에만 주목하기 때문이다. 불행히도 생명체를 원자재처럼 자원으로 여기는 관점은 전일적이지 못하고 파편화되어 있어서 자신에게로 돌아온 부메랑이 바로 자기가 내던진 것이었음을 인식하지 조차 못한다. 그래서 반성하고 적절한 조치를 취하기보다는 오히려 상황을 더 악화시키는 해결책을 개발하는 경향이 있다. 나의 무지와 실수로 인해 피해를 본 사람이 나에게 화를 냈는데 나의 실수는 돌아보지 않은 채 펄펄 뛰면서 그 사람이 다시는 화를 내지 못하게 본때를 보이겠다고 다짐하는 것과도 같다. 이윤의 논리는 단기적이고 파편적이어서 근본적인 해결과는 항상 거리가 멀어지니 결과적으로 스스로를 해롭게 한다.

몸이 아플 때까지는 건강수칙을 지키지 않다가 병에 걸리고 나서야 비로소 나쁜 습관을 버리기 위해 노력하듯이, 인간을 둘러싼 환경이 심각하게 병들고 나서야 비로소 인간은 환경을 돌아보게 되었다. 가축 전염병이 다양한 방식으로 등장하고 있는 현대사회에 우리 인간은 이제 우리가 무슨 짓을 하고 있는지를 돌아볼 때가 되었다. 생명체를 싼 값에 얻겠다는 생각이 스스로를 해치는 일이라는 것을 이해할 때가 되었다. 다른 생명체에 대한 학대는 필연적으로 나에게로 돌아오게끔 되어 있음을 광우병을 통해서 인식할 때가 된 것이다. 이것은 광우병의 원인을 알아내어 제거하기만 하면 된다는 기계론적인 방식으로는 해결되지 않는다. 관점을 통째로 바꾸지 않는 한, 모순은 다만 지연될 뿐이다. 마치 암환자가 일시적으로 수술을 해도 체질개선을 하지 않을 경우 다시 발병하게 되는 것과도 같다. 그렇다면 무슨 관점이 어떻게 바뀌어야 하는가? 육식 자체를 당연한 것으로 보는 관점이 도전받아야 한다. 그러기 위해서는 식사와 음식에 대한 새로운 시각이 요구된다.

먹는다는 것은 무엇인가. 내가 먹는 음식과 나의 관계는 무엇인

가. 갓난아기가 배우지 않아도 자동적으로 젖을 빨듯이 사람은 먹는다는 사실 그 자체에 대해 그다지 깊생각을 하지 않는다. 그것은 그저 공기처럼 당연한 일로 여길 따름이다. 그러나 먹는 일을 둘러싼 행위와 관습들이야말로 문화의 중요한 부분을 구성하고 있다. 무엇을, 어떻게, 누구와 먹을 것인가. 먹는 문화는 그 나라에 대해 많은 것을 알려주듯이, 어떤 사람의 식사하는 모습을 보면서도 그 사람의 많은 것을 볼 수 있다. 예컨대 여성들은 남성의 먹는 모습을 보며 그가 성적인 관계를 어떤 식으로 맺는지를 어느 정도 감을 잡을 수도 있다. 앞사람과의 대화도 없이 허겁지겁 배를 채우는 스타일이라면 아마도 그 남자가 본능적인 욕구를 충족시키는 방식이 다른 영역에서도 비슷할 것으로 상상해볼 수 있을 것이다. 지나친 일반화라고 할 수도 있겠지만 어찌되었든 본능적인 욕구들이 어떻게 문화적으로 표현되는지, 그리고 반대로 문화에 의해 어떻게 욕구 자체가 새롭게 창조되는지를 탐구할 수 있는 여지는 많이 있다.

한국에서의 개고기 논쟁은 윤리적 차원에서 깊이 있게 고찰해보아야 할 문제를 음식문화라는 개념으로 환원시킴으로써 단순화시키는 경향이 있다. 우리의 고유문화라는 말 한마디로 일체의 반론을 일축하겠다는 태도를 종종 접할 수 있는데 문화라는 것이 마치 하나의 면죄부라도 된다고 여기고 있는 것이 아닐까. 문화는 우리에게 정당성을 부여해주는 제도장치이기에 앞서 그 사회의 사람들이 알게 모르게 합작하고 공모한 결과이다. 그것은 원인이 아니라 결과이다. 무의식적으로 살아가는 사람에게는 문화가 자신의 행동의 원인이 되지만, 깨어있는 사람이라면 문화가 자신의 행동의 결과임을 자각하게 된다. 그래서 해당 사회의 관념들과 집단무의식이 지시하는 행위들을 근거로 판단을 내리기보다는, 각자 자신의 내면으로 들어가서 스스로의 성찰을 통해 판단하기 위한 의식적인 노력이 필요하다. 세상의 모든 것을 당연한 것으로 보는 관성에서 일탈하는 것이야말로 가장 소중한 문화적 실천인 것이다. 사회가 대량으로 생산하는 복제품이 될 것인가, 아니면 스스로 깨어있는 자의식을 가질 것인가……

다시 한 번, 음식이란 무엇인가. 먹는다는 것은 무엇인가. 백과사전의 정의를 뒤져보지 말고 각자 한 번쯤 생각해볼 일이다. 우리가 날마다 끊임없이 무언가를 먹어야만 한다는 게 이상하지 않은가. 바쁜 일상 속에서 우리에게 음식은 배고픔을 달래주는 수단이기도 하고 때워야 할 끼니로 여겨지기도 한다. 맛있는 음식을 먹는 일이 삶의 커다란 기쁨이 되기도 한다. 먹는 것의 중요성은 살기 위해 먹는 것이 아니라 먹기 위해 사는 것으로 개념화되기도 한다. 그것은 포기할 수 없는, 존재의 중요한 경험인 것이다. 그런데 이 경험의 실상은 무엇인가? 우리는 흙이나 금속을 먹지 않고 유정물을 먹는다. 유정물인 우리가 다른 유정물을 먹고 있는 것이다. 다른 유정물을 먹지 않으면 우리는 생존할 수 없는 의존적인 존재인 것이다. 그리고 우리의 먹는 행위 속에는 이미 다른 유정물의 죽음이 필연적으로 동반된다. 좋게 말하면 다른 존재에게 빚지는 것이고 나쁘게 말하면 다른 존재를 해치는 것이다. 다른 존재를 내 몸 속으로 흡수하고, 흡수가 안 되는 부분은 배설하는 것이다.

그런데 한 가지 착각하지 말아야 할 것은 내가 대상과 분리된 실체가 아니라는 점이다. 나라는 실체가 독립적으로 존재하고 있는 상태에서 다른 유정물을 흡수하고 배설하는 것이 아니다. 만일 나라는 실체가 있다고 상정하면, 내가 흡수한 유정물이 나와 별개로 여겨지고 그것의 특성은 나와 무관할 수 있다. 나는 다만 그것을 이용하고 내 몸을 살찌우게 할 뿐 그 자체는 나와 무관할 테니까. 그러나 나는 무엇인가? 이 몸과 이 마음이 내가 아닌가. 매순간 끊임없이 흘러가는 이 마음과 신진대사 작용을 하고 있는 이 몸, 단 한순간도 같지 않은 이 몸이 그때그때의 내가 아닌가. 그런 의미에서 본다면, 입에서 항문까지 이어지는 관을 거쳐 가는 음식들과 몸속에 흡수된 양분은 나 자체와 분리될 수 없다. 나와 내가 먹은 음식은 둘이 아닌 것이다! 내가 먹은 그것이 곧 나이다(I am what I eat). 나는 내가 먹는 그것과 스스로를 결합시키고 있는 것이고 음식을 통해서 우리는 하나가 된다. 사랑하는 사람과 온전히 하나가 되기는 어렵지만 음식과 하나가 되기는 매우 쉽다. 그 음식이 동물의 시체이어야만 할까.

식품이라는 단어는 생각할 필요를 없게 만드는 개념이어서 계란이 완전식품이라는 말에 우리는 익숙해있다. 외계인이 자기네들끼리 인간의 태아가 완전식품이라는 말을 했다면 경악하겠지만 말이다. 마찬가지로 고기라는 단어 역시 생명체의 몸이 음식으로 규정되게끔 해주는 요술개념이다. 그 어떤 생명체도 자신이 타자의 고기가 되기에 적합하다고 느끼지는 않는다. 그런데도 접시 위의 고기를 볼 때 우리는 완벽하게 아무런 개념이 없다는 사실이 너무나 경이롭지 않은가. 이 그을린 살덩어리가 도대체 무엇이며 어디에서 왔으며 어떤 경로를 통해서 여기에 이르렀는지. 우리는 우리가 무엇을 하고 있는지에 대해 깨어있을 수 없게끔 문화적으로 조종당하고 있다. 볶음밥을 시킬 때 고기를 빼달라고 하면 종종 햄이 들어있는 경우가 있다. 햄이 고기라는 사실조차 인식 못하고 있듯이, 고기가 살아있는 동물을 죽인 대가로 얻어진 살토막이라는 사실을 인식하지 못하게 하는 것, 이것이 문화의 위력이다.

음식문화라는 단어에서 우리는 사회문화적 다양성과 기호의 차이 등을 연상시키지만 음식문화 속에는 존재가 기반하고 있는 인식론과 윤리학이 녹아 있다. 음식에 대한 고찰은 영양학자들과 요리사들과 식도락가들과 가정주부들만이 관심을 가질 법한 주변적인 영역만은 아니라는 것이다. 광우병 파동을 계기로 많은 사람들이 채식에 관심을 갖게 되었다. 물론 건강을 위해 혹은 종교적인 이유로, 혹은 동물에 대한 사랑으로, 나아가 환경과 기아문제 등에 대한 관심으로 채식을 하는 사람들을 하나의 집단으로 묶어낼 수만은 없다. 경제적인 여건이 안 되어 어쩔 수 없이 고기는커녕 최소한의 음식조차 충분히 먹지 못하는 사람들을 채식 인구라고 규정하기도 곤란하다. 육식이냐 채식이냐를 이분법적으로 생각하는 관점의 단순함으로 빠져들 필요도 없다. 육식은 잘못이고 채식은 올바르다는 관점은 교조주의적 사고이다. 다만 우리가 무엇을 위해서 어떤 행동을 하고 있는가를 스스로 알아차리는 것이 중요하다는 점을 강조하고 싶다. 왜냐하면 우리는 무엇을 하든 그 대가를 치를 것이기 때문이다. 위험을 감수하는 것은 각자의 선택이다. 하지만 위험에 대해 알지조차 못하고 당한다면 억울하지 않겠는가.

지구상에 사는 인간에게 자연환경은 권리인가? 마땅히 나를 위해 지구가 깨끗한 공기와 물과 자원을 제공해주어야 할 의무가 있는가? 돼지와 소들은 마땅히 나를 위해 자신의 생명을 제공해주어야 할 의무가 있는가? 몇 분만 숨을 못 쉬어도, 며칠 동안만 먹지 못해도 우리는 무너질 수밖에 없는 취약한 존재가 아닌가. 다른 존재들을 발 딛고서, 그들에게 빚지면서 살 수밖에 없음을 먼저 인정한다면 적어도 그 희생이 크지 않기를 바라는 마음은 누구에게나 생기게 마련이다. 조지 버나드 쇼는 인간의 몸이 동물들의 무덤이라고 표현한 바 있듯이, 평생 동안 살면서 몇 마리의 어류, 조류, 포유류들이 내 몸 속에서 일생을 마쳤는가에 대해 한번 생각해보는 건 어떨까. 내가 신고 다니는 신발, 가방, 지갑, 허리띠 그리고 무수히 많은 제품들 역시 다른 동물들의 피부(가죽)라는 점을 기억해본다면 어떨까. 그들이 말을 못하고 지능이 낮기 때문에 우리는 그들에게도 의식이 있다는 사실을 쉽게 망각한다. 하지만 엄밀하게 말하면 색맹인 사람이 사물에 색깔이 없다고 착각하고 있듯이, 우리는 우리의 부족한 인지능력으로 인해 생명체를 광물자원으로 취급하고 있는 것에 불과하다.

사람이 건강하지 않으면 혈 자리가 막히게 되는데, 보이지 않는 마음도 건강하지 못하면 공감능력이 차단되어 버린다. 다른 존재의 고통에 대해 아무런 느낌이 없고 실감이 나지 않는 것이다. 자기 내면으로 향하는 통로가 막혀있다는 증거이기도 한데 - 모든 타자들은 모두 자신의 무의식을 구성하고 있기 때문이다 - , 그 결과 타인뿐만 아니라 자기 자신도 불행하게 만든다는 것은 당연하다. 소크라테스는 육식이 전쟁을 야기한다고까지 주장하였다.[2] 다른 생명체에 대한 공감능력이 차단될수록 인간들 사이의 전쟁과 폭력 역시 용이해지지 않겠는가. 그러나 무엇보다도 우리에게 장벽이 되는 것은 잘못된 관념과 무지, 무관심이다.

다행히 최근에 채식의 가치를 알리는 서적들[3]과 단체들도 많아지고 있는 추세여서 이제는 채식이라는 실천이 갖는 다양한 의미들에 대해 일반인들의 상식도 증가하고 있다. 예컨대, 소를 기르기 위한 방목지와 사료를 위해 전 세계의 열대 우림이 파괴되고 있으며 파괴된 숲에서 수많은 생물들이 멸종되고 있다. 햄버거 하나만 먹지 않아도 1.5평의 숲을 살릴 수 있다. 축산은 사막화의 원인이 되고 이는 지구상의 수억 명의 사람들에게 영양실조와 기아의 위험으로 연결된다. 지구상에서 사육되는 소의 식량은 87억 명의 사람이 먹을 수 있는 양에 맞먹는다고 하는데, 열 명이 직접 먹을 수 있는 곡물을 소에게 먹이고 다시 그 소를 사람이 먹게 되면 단 한 명만이 먹을 수 있는 양이 되어버린다는 점에서 보더라도 육식하는 사람을 먹이기 위해서는 훨씬 더 많은 땅과 자원이 요구됨을 알 수 있다.[4]

물론 육식의 비용은 채식의 비용보다 높다고 했다. 그러나 앞서 이야기했듯이 인간의 욕망은 점점 '보다 값싼 질 좋은' 고기를 원하는 방향으로 나아간다. 결과적으로 값은 내려가지만 그 비용은 지구가 치르고, 제3세계의 힘없는 사람들에게 전가되고, 알고 보면 육식하는 사람 본인도 질병을 통해 치르게 된다. 더 많은 자원과 생명을 이용한 결과로 그만큼의 값어치가 상승한 '질 좋은 인간'이 되는 것조차 아닌 꼴이다. 육식을 많이 할수록 수많은 성인병에 더 많이 노출된다는 사실을 이제는 누구나 상식적으로 알고 있다. 그러나 아직 잘 알려지지 않은 상식이 몇 가지 더 있다. 존재를 이해하는 다양한 차원은 의식의 수준에 따라 달라질 수밖에 없기 때문에 쉽게 모두가 동의하기는 어렵겠지만 적어도 한번쯤 생각해보아서 손해볼 것은 없을 것이다.

많은 사람들은 자신의 삶이 펼쳐지는 공간이 전부라고 생각하는 경향이 있다. 자기가 사는 곳, 자기 세계, 자기 나라, 자기 행성(지구)……. 우리는 어쩌다가 이렇게 허허벌판 같이 광활한 우주에 우리 인간들만 주인으로서 살아가는 자그마한 행성에서 기껏해야 동물들을 지배하며 살아가고 있는 것일까. 생태계는 왜 약육강식의 모습으로 나타나는 것일까. 인간들의 세상은 이보다는 좀 더 나은 윤리적 관점을 확립하기 위해 노력하지만 때로는 동물들의 세상과 유사한 측면들이 드러나기도 한다. 〈내가 살기 위해서는 너를 죽일 수밖에 없다〉는 관점은 결핍의 에너지에 기반한 제로섬 패러다임인데 인류는 이제 바야흐로 조화상생의 윈윈(win-win) 패러다임으로 전환할 필요성을 인식하는 과정에 놓여있다. 어떤 동물이 살기 위해 다른 동물을 잡아먹어야 한다면 그것은 그 동물이 처해있는 에너지 수준을 반영해주는 지표가 될 수 있을지언정 절대적, 필연적 진리는 아니다.[5] 생명체/영혼의 진화를 놓고 본다면 초식동물이 육식동물보다 의식이 높다고 할 수 있으며[6] 남의 생명을 빼앗지 않아도 살아갈 수 있는 푸른 초목들은 물과 빛만으로도 세상을 맑게 정화시키는 보다 더 자비로운 존재방식을 지니고 있는 셈이다.

육식을 포기할 수 없게 만드는 낡은 세계관은 사실상 육식 없이도 건강하게 잘 살 수 있다는 사실을 정말로 알고 싶어 하지 않는다. 이 것은 무기와 군대를 강화해야만이 평화가 유지된다고 보는 관점과 같은 선상의 의식 수준이기도 하다. 즉 내가 지배하지 않으면 지배 당할 거라는 두려움, 내가 먼저 사과하면 무시당할 거라는 두려움, 저항하지 않으면 이용당할 거라는 두려움……, 이러한 두려움의 중 력에서 벗어나오기는 어쩌면 조직폭력의 세계 안에 있는 사람이 거 기에서 빠져나오는 것만큼이나 어려울 수도 있다. 하나의 궤도에서 다른 상위 궤도로 상승하기 위해서는 항상 엄청난 고통과 인내가 축 적되어야만 가능한 법이니까.

자신이 살기 위해 어쩔 수 없이 상대를 해쳐야만 하는 정당방위적 인 상황에 스스로 놓여있다고 믿는 사람에게는 아무런 잘못이 없다. 다만 자신이 인식했던 '정당방위의 현실'을 보다 확장된 의식으로 보았을 때는 달리 이해될 수 있음을 알아나가는 과정이 바로 의식의 진화인 것이다. 양자택일, 필요악이라는 관념을 넘어서서 타자를 살 리는 것이 나를 살리는 길임을 이해하는 방향으로 나아갈 때 진정 한 성장이 가능해진다. 불교에서는 이런 말이 있다. 〈알고 지은 죄는 알면서 받고, 모르고 지은 죄는 모르게 받는다〉. 인류는 그동안 많 은 전염병이나 재난들을 '모르면서' 겪어야만 했다. 그러나 이제 광 우병은 알면서 받기 시작하는 경우가 아닐까 싶다. 고기 맛을 포기 하기 싫을 때 우리는 모르는 상태로 남아있고 싶은 유혹을 느끼겠지만 이제는 인류가 패러다임을 바꾸든지 아니면 다 같이 망해가든지 선택을 해야만 하는 상황에 가까워지고 있다는 생각이 든다. 그리고 이는 단순히 식생활에서 육류를 빼는 것만이 아니라 모든 영역에서 조화상생의 원리가 왜 더 지혜로우며 더 효율적인 공생으로 이어지는지를 깨닫는 일을 의미한다. 이해하지 못한 채 억지로 적용하면 억압적인 '계율'이 되지만 세상 만물이 돌아가는 이치를 보다 높은 의식 수준에서 이해할 수 있다면 그것은 자연스러운 열망이 될 수 있기 때문이다. 고기에 길들여진 입맛을 달래기 위해 콩고기로 대체하는 것도 한 방법이지만, 살생하지 않는 즐거움과 피비린내를 멀리하는 즐거움은 무의식을 평화롭게 하기 때문에 이처럼 새로운 종류의 즐거움을 개발하는 일이 보다 효과적일 것이다.

모르고 지은 죄를 모르게 받는 것보다는, 알고 지은 죄를 알면서 받는 것이 훨씬 더 행복한 상황이다. 전자의 경우에는 억울함이 발생하고 한을 푸는 과정에서 새로운 잘못을 추가로 범하는 악순환 속에 있지만, 후자의 경우에는 고통을 감내할 수 있는 바탕이 형성되며 진정한 변화의 계기를 스스로 마련할 수 있게 되기 때문이다. 살면서 남에게 피해 입히지 않고 성실하게 살아왔다고 자부하는 사람들이 간혹 있는데, 그것은 매우 단순한 생각이 아닌가 한다. 알고 보면 우리의 존재 자체가 빚 덩어리이며 수많은 다른 생명체들의 고통과 희생을 딛고선 일시적인 현상에 불과하기 때문에 그 누구도 근본적으로 교만해질 수 없다. 즉 다른 생명체들의 기부를 통해 겨우 생존할 수 있는 거지가, 그들을 노예로 부리며 주인행세를 하고 있는 상황이 얼마나 부끄러운 일인지를 생각해보면 될 것이다. 그렇다고 육식하는 것을 비난하거나 스스로 죄의식을 느낄 필요는 없다. 세상을 거슬러 살아가는 일은 쉽지 않고 우리는 결국 느끼는 만큼만 행동할 수밖에 없지 않은가. 중요한 것은 죄의식이 아니라 감사하는 마음이라고 본다. 음식을 먹을 때에도 감사하는 마음을 가지면 소화도 잘되고 건강에도 좋다고 하지 않는가. 뿐만 아니라 축산농가에 종사하는 분들에게 조금이라도 비난하는 마음을 갖는다면 그것은 자가당착이 될 뿐이다. 비유하자면 마치 성을 사는 사람이 성을 파는 사람을 더럽다고 하는 격이니 이보다 더 큰 어리석음은 없을 것이다.

채식이라고 하면 많은 사람들은 풀만 먹고 어떻게 사느냐고 생각하는 경향이 있는데 고기 없이도 통곡류, 콩류, 견과류, 종실류, 채소류, 해조류, 과일류만으로도 건강하게 살 수 있는 인간의 몸을 가졌음에 우리는 감사하게 생각해야 하지 않을까. 살생을 하지 않을 수 없는 사자로 태어나지 않은 점을 다행이라 여기고 빚더미를 늘리는 것이 아니라 줄이는 방향으로 삶의 방식을 바꿀 수 있기를 희망해보자. 우리의 삶이 빚이 아닌 빛이 될 수 있기를 소망하게 될 때 길이 생기게 마련이다. 물론 육식이 주류문화를 형성하고 있을 때 채식하는 일은 매우 힘들다. 식당에서, 직장에서, 가정에서 따돌림을 받거나 핍박을 받기도 한다. 성질 까다롭고 편식하는 비정상인 취급을 받기도 한다. 하지만 어떤 경우에든 우리가 '채식하는 사자 리틀 타이크'만큼 신기하게 여겨지지도 않을 것이고 〈순간포착 세상에 이런 일이〉에 출연하게 되지도 않을 것이다. 채식하는 일의 어려움은 차라리 번거로움이고 결국은 자신의 게으름과의 싸움이기도 하다. 나의 경우에는 먹는 것에 대해 무관심해지는 습관에 자꾸 빠지게 되는 문제가 있다. 무엇을 먹을지를 결정하는 일이 귀찮을 때 '아무거나' 먹자로 귀결되고 다만 여기에 고기를 빼는 방식으로 살아가고 있음을 반성하게 되는데, 몸을 성전으로 귀히 여기며 마음을 수행하듯이 성의 있게 대하는 마음이라야 자연환경과 세상에 대해서도 그 마음이 자연스럽게 이어지지 않을까 싶다.

대안적인 문화는 어떻게 해서 만들어질까. 이런 경우를 상상해보자. 그동안 모르고 지냈었는데 어느 날 문득, 자기가 지금의 생활패턴으로 살 수 있기 위해 수백 명의 사람들이 죽어갔음을 알게 되었다면 기분이 어떨까. 어떤 사람은 지독한 죄의식에서 헤어나오지 못할 수도 있다. 그러나 스스로를 긍정하고 책임의식을 갖는 사람이라면 무엇보다도 감사하는 마음으로, 희생에 보답하겠다는 의지를 갖게 되지 않을까. 속죄하는 진정한 방법은 자학이나 비난이 아니라 스스로 변화하는 것이 아니겠는가. 희생이 헛되지 않도록 스스로 그 값어치를 체화하여 '질 좋은 인간'이 되어야 하지 않겠는가.

'사람이 아니라 동물인데 무슨 상관이냐'라고 생각한다면 아직 지성의 경락이 많이 막혀있음을 스스로 증명하고 있는 것이다. 아직도 한동안은 '모르고 받는' 악순환을 계속 하고 싶은 것이다. 그러나 스스로를 속이는 데에는 한계가 있고 변화하는 세상이 우리를 가만히 놔두지 않을 것이다. 엄밀하게 본다면 공동의 세상은 없고 오직 자기만의 시간/공간 속에서 살아갈 뿐이지만, 부분 속에 전체가 포함되어 있듯이 우리 개개인 속에는 지구의 모든 아픔이 포함되어 있다. 세상을 치유하는 일과 자신의 무의식을 정화하는 일은 같은 것일 수밖에 없다. 우리에게 필요악이라고 여겨지는 대부분의 현실은 알고 보면 무지와 무관심에 의한 체념에 불과하다. 동물실험, 가죽제품, 육식을 불가피하게 여기는 의식 수준에서 이것이 '당연한 것'이 아님을 이해하는 의식 수준으로 다수의 사람들이 바뀌어갈 때 문화와 상식은 변화하게 될 것이다.

동물들을 〈음식〉의 범주에서 제외하기로 할 때 TV 뉴스에서 수시로 등장했던 거꾸로 매달린 소들의 시체가 있는 그대로 보이게 될 것이다. 음식이라는 이데올로기의 힘은 우리로 하여금 시체를 보면서도 아무 느낌이 들지 않게끔 하는 집단최면에 걸리게 하였는데 이는 정당한 전쟁이라는 명목이 대량살상을 아무렇지도 않게 여겨지도록 하는 원리와 다르지 않다. 그러나 감수성이 변하지 않는 한 문화적 관습들은 유지되기 때문에 대안적인 행동방침을 몇 가지 확립시키는 것은 큰 효과가 없고 정치적 올바름이라는 또 하나의 짐을 떠안는 것에 불과하다. 따라서 느껴지는 만큼만 행동해야 한다. 먹고 싶다면 먹어야 한다. 다만 나의 욕망을 제대로 성찰하자는 것이다. 감수성대로 살아야 한다. 다만 우리의 감수성의 현주소를 한 번 정직하게 바라보자는 것이다. 우리의 잠들어 있는 감수성을 어떻게 깨어나게 할 것인가? 굳어 있고 막혀있는 마음을 어떻게 말랑말랑하고 자유로운 빛으로 흐르게 할 것인가?

2장 동물에게도 영혼이 있을까[*]

채식이란 채소를 먹는다는 뜻이라기보다는 고기를 먹지 않는다는 뜻이다. 고기란 무엇인가? 그것은 동물의 시체이다. 대체로 그 시체를 토막 내서 포장지에 싸서 판매하면 그것은 '고기'라고 불린다. 그렇다면 채식이란 바로 동물의 시체를 먹지 않음을 뜻한다. 이런 말을 했을 때 많은 이들은 거부감을 느낀다. 왜냐하면 '그럼 나는 동물의 시체를 먹는 야만스러운 사람이란 말이냐?'라고 반문하고 싶어지기 때문이다. 거부감을 느끼는 이유는 간단하다. 동물의 시체란 혐오감을 주는 이미지로 구성되어 있을 뿐만 아니라 그

---

[*] 이 글은 "여성의 눈으로 본 채식"이라는 제목으로 『꿈꾸는 지렁이들』(환경과 생명, 2003)에 실렸다.

것은 대체로 사람의 시체와 크게 다르지 않다는 것을 우리는 잘 알고 있다. 따라서 내가 동물의 시체를 먹는다는 것은 말의 뉘앙스에서 엄청난 혐오감을 불러일으킨다. 그러나 동시에, 고기를 먹는 자신의 행위는 인류의 역사 이래로 항상 있어왔던(?) 너무나 자연스러운 문화이기 때문에 자신에게 잘못이 있다는 말을 듣는다는 건 너무 억울한 일이다. 고기를 먹는 일은 자연스럽지만 동물의 시체를 먹는 일은 섬뜩하다. 그러나 이 두 가지가 같은 행위임을 우리는 인정하지 않을 수 있을까. 머리로 생각해보면 인정해야겠지만 마음으로는 인정할 수 없을 것이다. 그리고 그 마음은 나름대로의 논리를 만들어낼 것이다. 동물이 사람과 절대적으로 다른 이유에 대해서……

중세시대 서양의 신학자들은 여성에게도 영혼이 있을까라는 질문을 두고서 논쟁을 벌였다고 한다. 지금의 사람들은 이 사실에 대해 참으로 한심하다고 느낄 것이다. 게다가 별로 대답할 필요성도 느끼지 않을 것이다. 하지만 오늘날의 누군가에게 과연 여성에게도 영혼이라는 것이 있는지를 증명할 수 있느냐고 묻는다면 이를 제대로 증명할 수 있는 사람이 있을까? 너무나 자명한 것을 증명하라고 했을 때 우리는 말문이 막히곤 한다. 오늘날 동물을 죽이는 행위의 도덕성 여부를 고민하는 사람이 있다면 아마도 비슷한 상황을 재연하고 있는 것이 아닐까 싶다. 그런데 여기서 문제의 핵심은 왜 이런 고민을 하는가이다. 동물에게 영혼이 있고 없고의 차이는 우리가 그들을 근본적으로 대우할 필요가 있는가, 없는가의 문제를 의미한다. 함부로 이용해도 되는 대상인가 아닌가에 결정적인 기준으로 작용할 것이기 때문이다.

가부장적인 문화는 기본적으로 여성을 수단시하고 있다. 혈통은 남성을 기준으로해서만 존재하고 여성은 그 혈통을 이어나가는 수단이며, 일상적 필요를 충족시켜주는 가사노동자, 그리고 남성의 성적인 욕구를 해소시켜주는 대상으로 여긴다. 여성에게는 스스로의 존재 그 자체의 존귀함보다는 남성의 필요를 위해 봉사하는 한에 있어서만 가치가 부여되었다. 그렇기 때문에 혼자 사는 여성은 사회적 지위를 얻을 수 없었고 그런 여성이 독립적인 힘을 갖고 있을 때에는 마녀로 여겨질 정도였다.

여성이 수단시되어 온 역사의 가장 전형적인 경우가 바로 성에 대한 이중규범이다. 남성에게는 순결이 중요시되지 않으면서도 여성에게는 성욕 자체를 부인하는 관점은 그야말로 여성의 성이 남성에게 수단시되는 것이 합당하다는 이해에 기반하고 있다. 그렇기 때문에 매춘 여성의 소위 왕성한 성욕(?)은 남성의 필요에 부응하는 것으로서 비하되는 동시에 제도적으로 유지될 수 있었던 것이다. 인간이 다른 인간을 수단시해서는 안 된다는 도덕성에 공감했던 사회는 대체로 여성의 몸이 수단시되어야 한다는 관념에는 아주 오래도록 문제의식을 느끼지 못했다. 여성을 인간(남성)과 근본적으로 다른 존재로 인식했기 때문에 가능한 일이었다.

사실 현재까지도 많은 사람들이 그렇게 생각한다. 매매춘을 필요악이라고 생각하는 관점에서는 자발적으로 매춘을 하려는 여성들이 없을 경우 인신매매를 통해서라도 사창가가 존재해야 한다고 볼 것이기 때문이다. 특정 여성들이 감금되어서 그들의 신체의 일부 – 사실은 인격 그 자체 – 를 다른 이들의 욕구를 위해 이용당해야 한다는 것에 대해 수긍하는 사람들이 아직도 많이 존재한다. 하지만 매매춘제도가 도덕적으로 인정할 만한 것이 못된다고 생각하는 많은 이들에게 가축제도는 별다른 문제없이 받아들여지고 있는 것이 현실이다. 왜냐하면 대부분의 사람들에게 동물에게는 영혼이 없다고 여기기 때문이다.

여기서 영혼이라는 단어에 대해 복잡하게 논의할 필요는 없다고 본다. 또한 사후의 존재로서 영혼이 있는가 여부의 문제와 굳이 연관시킬 필요는 없다. 왜냐하면 죽은 후에 영혼이 없다고 생각하는 사람이라고 해서 사람을 자기 마음대로 쉽게 죽여도 된다고 보진 않기 때문이다. 동물에게 영혼이 없다는 말 혹은 관념은 동물에게 생명체로서의 존엄성이 없다는 뜻일 뿐이다.

그렇다면 과연 그러한가? 어떤 대상에게 존엄성이 있는지 없는지는 어떻게 알 수 있는가? 성경이나 경전의 말씀들을 통해서 알 수

있는가? 아니면 그 대상이 실제로 보여주는 탁월한 능력을 통해서
알 수 있는가? 그렇다면 어떤 능력을 평가할 것인가? 여성이 남성과
동등한가에 대한 과거의 논의들은 종종 능력의 문제를 다루었다. 하
지만 여성'도' 남성과 똑같이 수학문제를 풀 수 있고 여성'도' 남성과
똑같이 사법고시에 합격할 수 있다는 사실이 존엄성(평등)의 핵심
이 아니라는 것을 이제 사람들은 깨달아가고 있다. 여성이라는 '특
수한' 존재가 남성이라는 '일반적 기준'과 같아질 수 있는가라는 방
식으로 문제를 제기하는 것이야말로 오류였던 것이다. 누가 기준이
란 말인가? 능력과 존엄성의 기준을 스스로에게 고정시켰던 남성중
심적 사고가 문제였던 것이다. 남성 집단의 경직된 에고가 스스로의
반성을 통해서이든 여성들의 반격을 통해서이든 조금씩 열리기 시
작할 때에, 여성에게도 영혼이 있는가 여부는 별로 중요한 문제가
아니게 된다. 여성은 남성과는 상이하지만 유사한 방식으로 독자적
인 목적과 자유의지를 가진 존엄한 인간이라는 사실이 자명하게 다
가오기 때문이다.

　마찬가지로 인간들은 아직까지도 비인간 동물들을 존엄성에 있
어서 완전히 별개의 존재로 취급하고 있지만 오늘날 인간중심주의
에 대한 반성과 더불어 이러한 집단적 아집은 많이 흔들리고 있다.
인간 이외의 동물들과 자연환경은 모두 인간을 위해서만 존재한다
고 믿는 사람들조차, 환경의 파괴가 결과적으로 인간에게 불리한 결

과를 낳는다는 사실을 목격하고 있다. 소나 돼지는 오로지 인간에게 고기를 제공하기 위해 존재한다고 보는 관점은 공장식 축사를 통해 이들을 이윤을 낳는 기계쯤으로 전락시켰지만 억압과 착취가 낳은 수많은 질병들, 광우병 등으로 인해 그 폐해를 인정해야 하는 상황이 되기 시작했다.

에코페미니즘(혹은 생태여성주의)은 여성에 대한 남성의 지배나, 자연에 대한 인간의 지배는 같은 뿌리에서 나왔다는 사실을 인식하기 때문에, 억압에서 해방되기 위해서는 모든 것이 연결되어 있음을 이해할 필요를 역설하고 있다. 가부장적 사고는 남성중심적일 뿐만 아니라 인간중심적이고 이 두 가지는 주체와 대상(타자)을 분리시켜서 타자를 억압할 뿐만 아니라 스스로도 소외되고 만다. 왜냐하면 연결되어 있는 것을 분리적으로 사고한다는 것은 의식 수준에서건 무의식 수준에서건 자기기만을 반드시 연루시키기 때문이다. 정직하지 못할 때 기만을 지탱시키기 위해서는 많은 에너지가 요구되는데 에너지 소모가 클수록 결핍에 대한 강박관념이 또다시 두려움과 폭력을 부르고, 폭력은 스스로를 정당화하기 위해 또 다른 부정직을 생산하는 악순환을 부른다. 그런 의미에서 본다면 어떤 대상을 억압하는 모든 경우에 모종의 자기기만의 메커니즘이 자리 잡는다는 것을 알 수 있다. 여성을 억압하는 남성중심주의나, 동물을 억압하는 인간중심주의나, 모두 스스로를 정당화하기 위해 논리를 세우기 바쁘다.

1. 식물도 생명이라고?

그런데 이 시점에서 어김없이 나오는 질문이 있다. 〈그럼 식물은 생명이 아닌가?〉 인간중심주의에서 벗어나야 한다면 동물중심주의에서도 벗어나야 하지 않겠느냐는 것이다. 대체로 이러한 질문은 〈식물도 생명이므로 죽여서는 안 된다, 그러나 우리가 아무것도 먹지 않게 되면 살 수가 없다, 따라서 어차피 우리는 생명체를 먹을 수밖에 없으므로 동물을 죽이는 것에 대해 그렇게 호들갑을 떨 필요가 없다〉는 주장을 암시한다. '이미 버린 몸, 맛있는 거 실컷 먹다 죽자'는 류의 관점일 수도 있지만, 다른 한편 매우 진지하게 형평성을 고민하는 사람의 입장에서는 명분의 차원에서 보다 설득력 있는 무언가를 요구하는 것일 수도 있다. 진지한 질문자들을 위해 나는 진지하게 다음과 같이 대답하고자 한다.

당신에게 형평성이란 무엇을 의미하는가? 어려웠던 시절 가난했기 때문에 맏아들을 대학에 보내지 못했었는데 경제 사정이 좀 나아진 지금 막내딸에게 대학공부를 시키자니 맏아들과의 형평성에 어긋나서 그만둘 것인가? 무엇을 위한 형평성인가? 평등의 가치를 중요하게 생각하는 당신에게 그것은 무엇을 뜻하는가?

나에게 있어서 평등은 보다 나은 삶을 위한 평등이지, 하한선을 기준으로 삼는 억압의 평준화는 아니다. 평등의 가치는 해방시키기 위해서이지 억압하기 위해서가 아니기 때문이다. 그러나 현실적으로 우리는 이와 같은 논리전개를 할 때가 많은 것이 사실이다. 어떤 때에 이런 논리를 전개시키는가? 구체적인 감정이입이 배제되어 있고 상황이 추상화되어 있을 때 그렇다. 올바른 판단을 내리기 위해서는 감정을 최대한 배제시켜야 한다고 대부분의 남성 철학자들은 주장해왔다. 사심을 버린다는 건 중요한 일이다. 그러나 동정심과 연민도 사심인가? 나의 이익이 아닌 타자의 고통에 공감하는 것이 사심인가? 이성을 우위에 두는 패러다임은 (이기적) 사심과 더불어 (이타적) 공감능력까지 버리는 잘못을 보여줄 때가 많은데, 위의 상황이 바로 그 사례이다.

식물은 분명히 생명이다. 맞는 말이다. 그리고 사람도 생명이다. 어차피 같은 생명이기 때문에 모두 살려야 한다는 말이나, 모두 죽여도 된다는 말이나 극단적으로 추상화된 발언이기는 마찬가지이다. 내가 친하게 지내는 사람, 애완동물, 화초 등은 나와 무관하게 느껴지는 행인, 횟집의 물고기, 슈퍼마켓의 상추와는 다르게 경험된다. 이 경험을 무시하고 추상화된 평등의 가치를 고집할 수는 없는 법이다. 그러나 사람들은 자기와 무관하다고 여겨지는 대상들에 대해서는 아주 쉽게 추상화된 평등개념을 적용시키곤 한다.

한국에서의 '개고기' 문제에 대한 논쟁에서도 이와 같은 주장들이 나타나곤 한다. 개고기를 옹호하는 입장에서는 종종 소나 돼지는 먹으면서 왜 개는 안 되는가라고 반문한다. 이들은 동물들이 평등하다고 함으로써 형평성의 이념을 열렬히 신봉하는 모습을 보여준다. 그러나 이러한 입장은 동시에 개들을 식용견과 애완견으로 나눔으로써 자기모순에 빠질 뿐이다. 소에 비해 개가 누리는 특권을 인정할 수 없다는 논리가 어찌하여 식용견에 비해 애완견이 누리는 특혜를 인정한단 말인가? 종과 종 사이의 불평등에 수긍할 수 없다면 종 내부의 불평등도 수긍하지 말아야 하는 것 아닌가?

개고기 논쟁은 사실 논리로 승부를 낼 수 있는 것이 아니라 개에 대한 애정이 있는 사람들이 얼마나 사회적으로 공감을 얻어내는가에 달려있다고 보인다. 물론 공감을 이끌어내기 위해 많은 정보들이 주어져야 한다는 것은 당연하다. 이 과정에서 많은 이들은 개가 다른 동물과는 달리 인간과 얼마나 가까운지에 대해 또는 얼마나 영리한지에 대해 강조를 할 것이다. 물론 영리하다고 해서 더 많은 권리를 누려야 한다고 말할 수만은 없다. 그럼에도 불구하고 이러한 주장들은 공감대를 넓혀나가는 일에 도움이 되는 것만은 확실하다. 많은 사람들이 개를 음식으로 간주하지 않는 이유는 사람을 반기고 지켜주고, 인간과 감정적으로 교감을 나누는 개들에게서 연대감을 체험하기 때문이다.

마찬가지로 다른 '가축'동물들에 대한 사회적 인식이 변화하는 과정에서 이들을 음식으로 간주하는 관점도 서서히 도전받게 될 것이다. 동물들을 무가치한 본능적 생명체 그 이상으로 볼 수 있는 영적인 각성이 이루어지는 정도에 따라 다르겠지만 말이다. 여성이라는 존재를 자기만의 삶을 영위해 나갈 권리를 지닌 존엄한 대상으로 볼 수 있기까지 긴 역사가 필요했던 것을 생각한다면 아직 시간이 좀 필요하긴 하겠지만, 내 생각에 영적인 혁명은 점점 빠르게 전개되고 있다.

동물을 존중하는 마음가짐은 식물을 함부로 남용하는 관점을 내포하진 않는다. 식물들에게도 생명이 있지만, 마지막 순간까지 살고 싶어 하는 동물의 몸짓과 피 흘리는 시체를 볼 때 우리가 느낄 수 있는 감정이, 밭에서 감자를 캘 때 느끼는 감정과는 다르다. 이러한 차이를 인정하는 것은 형평성을 실현하는 데에 실패하는 것이 아니라 지금 우리들의 수준에서 우리가 경험하는 세상을 보다 정직하게 인정하는 데에 성공하는 것이라 해야 할 것이다. 우리는 가능하다면 자신과 타자의 고통을 줄이는 것을 원하게 마련이다. 사람을 죽일 필요가 없다면 죽이고 싶어 하지 않듯이, 동물을 죽일 필요가 없다면 죽이고 싶어 하지 않는다. 대부분의 사람들은 단백질을 위해 반드시 동물을 죽여서 먹어야 한다고 철썩같이 믿어왔다. 고기를 먹지 않는 스님들이나 채식인들이 어떻게 생명을 부지하는 지에 대해서는 항상 별개의 사실로 두면서 연결을 짓지 않았지만 말이다. 어찌되었든, 육식의 필요성이 허구임을 알아나갈수록 육식의 자연스러움이나 필연성이 약해지고 덩달아 가축동물들에 대한 감수성이 달라지게 될 것이다.

프랑스 대혁명 당시 여권선언에 대해 일부 남성들은 동물권 선언이라는 비아냥거리는 팸플릿으로 대응한 적이 있다. '여성들에게도 권리가 있다면 동물에게도 권리가 있겠네' 식의 야유였다. 당연히 말도 안 된다는 전제 하에서 했던 표현이었지만 지금 와서 생각해보면 말이 되고도 남는다. 마찬가지로 식물에게도 생명이 있다는 문제의식(?)은 육식을 합리화하기 위해서 제기되었을 때에는 가치가 떨어지지만, 존중심의 확대의 맥락에서 본다면 하나도 틀린 말이 아니다. 식물뿐만 아니라 산, 대지, 지구 전체가 하나의 숨 쉬는 생명체로 모두에게 인식될 때, 그때 아마도 억압이 실질적으로 사라지지 않을까 싶기 때문이다.

2. 연관된 인식의 필요성

지구상에는 아직 수많은 사람들이 기아와 빈곤, 전쟁과 폭력 등으로 고통받고 있다. 혹자는 이런 상황에서 우리가 동물에 대해 신경을 쓸 때가 아니라고 생각할 수도 있다. 마치 남성들 사이의 계급갈

등이 심각한 상황에서 여성의 문제가 중요한 정치적 의제로 떠오르지 못했던 것과 마찬가지이다. 하지만 한 사회에서의 여성의 지위는 그 사회의 진보 수준의 반영이기도 하다. 특히 여성을 대하는 그 사회의 관점이 결국 남성들 간의 관계에서 동일한 방식으로 나타난다고 할 수 있다. 대부분의 여성노동자들이 임시직으로 취업하는 상황에서 결국은 정규직을 차지하고 있던 남성노동자들에게까지 고용불안정이 확대되는 것과 마찬가지로, 동물을 대상으로 행하는 실험과 유전자 조작 등은 인간에게까지 계속 확대되고 있다.

나와 너(저것)가 분리되어 있다고 보는 기계론적 관점에서는 서슴없이 자행하는 많은 일들을 전체론적 관점에서는 하지 않게 되는데, 이는 바로 상대에게 행하는 그것이 바로 나 자신에게 행하는 것임을 알게 되기 때문이다. 그러나 상대에 대한 지배나 기득권을 계속 누리기 위해서는 상대를 최대한 분리된 존재로 파악해야 할 필요가 생긴다. 나와 타자 사이의 분리는 타자 자체를 파편화시키는 경향으로 이어진다.

나는 여성에게 행해지는 가장 심한 학대가 그녀를 몸으로 환원시키는 일이라고 생각한다. 언제부턴가 우리 사회에서 '쭉쭉빵빵'이라는 표현이 사용되기 시작했다. 몸매가 매력적인 여성을 지칭하는 이 표현은 그러나 이제는 미인에 대한 보통명사가 되었고 여성의 가치가 성적으로 매력적인 몸매와 동일시되고 있다. 미인대회에서 점수를 매기는 방식은 그야말로 우량소 대회를 방불케 한다. 다리가 휘진 않았는지, 유방이 처지진 않았는지 등등을 평가하는 미인대회는 언제부턴가 획일화되고 규격화된 미인 대중들을 생산하기에 이르렀다. 수많은 여성들이 몸과 얼굴을 성형수술하고 있는데, 이는 그만큼 여성이 사회적으로 인정받는 가장 중요한 기준이 몸에 두어지기 때문이다.

몸은 비하의 대상이 되어서는 안 되지만, 사람을 몸으로 환원시키는 것은 분명히 사람을 비하하는 것이 된다. 길거리 어딜 걸어가도, 그 어떤 광고를 보더라도 여성의 몸은 소비의 대상으로 널려져 있다. 비디오 가게이든 백화점 세일광고이든 간에, 얼굴 없는 다리들, 이름 없는 가슴들이 항상 남성의 욕구를 돋우기 위해서 사방에 편재해있다. 우리에게 인식되는 그 여성적 몸들은 이미 인격성을 잃어버린 고깃덩어리들과도 같다. 그리고 이것이 바로 매춘 여성에게 행해지는 학대이기도 하다.

자신의 삶을 영위해 나가던 동물이 토막 내어지면 그것은 고기라고 불린다. 식탁에서 고기를 먹는 사람은 그 고기가 어떤 동물의 몸이었는지에 대해 생각하지도 않지만 알려고 해도 알 수가 없다. 포르노에서, 사창가에서, 단란주점에서 서비스를 제공하는 여성들에게 만질 수 있는 몸은 있지만 기억될 수 있는 이름은 없다. 그녀들의 몸은 소비되기 위한 고기처럼 그저 물질에 불과하다.

과거에 여성들은 자기 이름도 없이, 그저 아이를 낳는 그릇이거나, 살림을 하는 어머니이거나, 성욕을 만족시켜주는 수단이었다. 하지만 이름이 없어도 삶을 느낄 수 있는 존재였었고 이 사실을 인정받지 못했을 뿐이다. 아직까지도 많은 사람들에게 동물이란 그저 움직이는 몸으로만 이해되고 있다. 먹고, 배설하고, 교미하고, 인간을 위해서가 아니면 별달리 살아있어야 할 이유가 없는 존재라고 생각한다. 야생동물이 아닌 가축에 대해서는 특히 이런 식의 생각이 많이 퍼져있는 것 같다. 사실 그럴 수밖에 없다. 좁은 닭장 안에서 날개 한번 제대로 펴지 못한 채 밤낮으로 알을 낳기만 하는 닭을 보면서 우리는 과연 닭을 느낄 수 있는가? 우리의 눈에 비친 닭은 독자적인 개체로서의 살아갈 아무런 이유가 없어 보인다. 평생을 움직이지 않고 가끔씩 울어대기나 하는 그 모습을 보며 무슨 가치로움을 느낄 수 있단 말인가? 하지만 누가 닭으로 하여금 그런 모습을 갖게 했는가? 과거에 여성들은 집안에 갇혀진 채 평생을 아이 낳고 기르고 집안일만 하며 살도록 제한을 받았다. 이런 여성들의 모습을 보면서 어떤 남자가 그녀들에 대해 위와 비슷한 생각을 했다면 어떨까? 여자들은 아무 생각 없이 그저 본능적으로만 살아가는 존재들이라고 규정한 수많은 남성 철학자들의 단순함은 이와 다르지 않다. 그네들의 고상한 사상은 제도적 억압의 결과를 원인으로 규정하는 식민자의 것이다.

오늘날 과거의 유명한 철학자들의 저서들을 살펴보면 그들이 가졌던 여성비하적 관점에 대해 놀라지 않을 수 없다. 그들의 지혜가 왜 여성들에 대해서만 유독 적용되지 못했던 것일까? 그것은 그들이 하나같이 여성의 희생을 딛고서 삶을 영위해나갔기 때문이다. 세상을 아무리 넓게 볼 능력이 있는 사람도 자기 발밑은 제대로 보지 못하기 때문이다. 생존을 위해 여성의 희생을 필요로 했던 사회는 여성의 고통에 대해 무감각했다. 마찬가지로 생존을 위해 고기를 먹는 사회는 고기의 근원지에 대해 무감각하다. 동물을 보호해야 한다고 하는 담론조차도 '가축'이라는 개념 속에서는 고통을 공감하지 못하도록 차단벽을 세워두었다. 이 차단벽이 제도적으로 보장되어 있을 때에는 생각할 필요조차 없어진다.

사창가를 이용하거나 기타 상품화된 여성의 성을 소비하는 남성에게는 상대 여성이 느낄 수 있는 고통이 절대로 전달될 수 없다. 고기를 먹는 대부분의 사람들에게 역시 가축의 고통이 절대로 전달될 수 없다. 그 이유는 무의식 수준에서 이미 공감할 수 있는 가능성을 스스로 차단했기 때문이고 현실적으로 존재하는 무수한 상징들이 차단벽을 굳건히 지켜주고 있기 때문이다. 햄 포장지에서 괴로워하는 돼지를 본 적이 있는가? 닭튀김 포장지에서 죽어가는 닭을 본 적이 있는가? 갈비집에서 눈물 흘리는 소를 본 적이 있는가? 참치 캔에서 참치는 즐겁게 팔딱이고 있고 소시지의 돼지는 항상 웃는 얼굴이다. 그러나 그들 중 누구라도 흔쾌히, 즐겁게 목숨을 내놓은 동물은 없다.

성을 팔고 있는 여성은 행복할 수 없다. 매춘 여성이 된다는 것은 사회적으로 죽는 일이다. 그런데 왜 그녀들이 드러나 있는 광고나 전단지, 비디오나 매체들에서는 그토록 즐겁게 미소 짓고 있을까? 이미지의 위력은 이런 것이다. 그들의 미소를 보면서 소비자는 마음 편히 소비자로서 그네들을 이용할 수 있게 된다. 이데올로기란 이런 것이다. 도살장은 생지옥이고, 사창가는 암울하다. 누구나 이것을 알 수는 있다. 하지만 누구도 이것을 알려고 하지 않는다. 알려고 하지 않을 뿐더러 스스로를 속이는 논리들을 개발한다. 남성의 '자연스러운 성욕'을 위해서 매매춘은 필요악이라고 생각하는 이들이 있다. 고대 사회들에서는 신들의 노여움을 풀기 위해 특정 사람들이 죽어서 희생양이 되어야 한다고 보는 경우도 많았다. 이처럼, 현실에 대한 해석은 그것을 인식하는 능력의 수준에 의해 결정되는 것이다.

남녀가 평등해지면 여성들이 다 집을 뛰쳐나갈 것이고 그렇다면 누가 밥을 할 것이며 누가 아이들을 돌볼 것이며 누가 병든 부모를 돌볼 것인가라고 걱정하는 남성들이 있다. 가축을 기르지 않게 되면 단백질은 어떻게 섭취할 것이며 우유와 계란은 어떻게 얻을 것이며 무얼 먹고 기운을 차린단 말인가라고 걱정하는 사람들이 있다. 이러한 두려움들이 사실상 무지에 기반한 것임을 이해하게 될 때 우리 무의식 속에 있는 차단벽은 철거될 것이고, 우리 마음속에 누구에게 나 있는 동정심과 공감능력이 되살아날 것이다. 그때에는 누군가가 혹은 어떤 생명체들이 어떻게 고통 받아 왔는지가 새삼스럽게 느껴 질 것이다. 하지만 무언가를 많이 포기해야 한다는 우려나 기득권에 대한 집착은 인식을 왜곡시키는 방향으로 항상 영향을 미칠 것이다. 두려움을 내려놓고, 세상을 정직하게 바라보려고 노력할 때, 행복은 타자를 짓밟고 올라선 위에서가 아니라 함께 하는 큰 길에 다 같이 들어서는 평화라는 걸 이해하게 될 것이라고 믿는다. 내 발가락이 아플 때 나도 아프기 때문이다.

Ⅱ
여성주의자의 관점에서

3장 남녀는 평등해도 동물은 불평등?*

1. 평등개념의 편파적 적용

여성주의가 등장하게 된 배경에는 진보적 남성해방론이 갖는 인식론적 한계에 대한 문제의식이 있었다. 사실 좋게 말하면 인식론적 한계이고 나쁘게 말하면 위선이라고 할 수 있다. 그러나 이 두 가지는 엄밀하게 말해서 그다지 다른 것은 아니다. 대부분의 인식론적 한계는 무의식적이고도 자기방어적으로 행하는 위선이라고 볼 수도 있기 때문이다. 우리가 우리의 무의식에 대해 어느 정도까지 책임을 져야 하는가는 또 하나의 중요한 논의가 될 수 있지만 여기서는 다루지 않겠다.

모든 인간의 천부적인 권리를 개념화함으로써 평등한 시민권 논의를 주창했던 계몽주의 시대의 운동가들에게 여성은 인간의 범주에 포함되지 않았다. 남성들 간의 평등은 진지한 의제였지만, 남성과 여성의 평등은 '웃기는 소리'였다. 그 시대의 남성운동가들에게는 이 문제를 고려하지 않으려는 자기방어기제가 무의식 깊은 곳에 자리 잡고 있었다. 여성의 사회적 활동의 기반이 약했던 상황에서 양성 간의 평등은 남성에게 너무나 막대한 손실로 여겨졌을 것이다.

그러나 20세기 중반에 이르러 여전히 양성 간의 평등을 부인하려는 남성운동가들에 대해 많은 여성들이 분개하게 된 것은 남성들의 행동이 위선으로 여겨질 수밖에 없을 만큼, 상황이 훨씬 더 명백해져 있다는 데에 그 원인이 있다. 기득권 상실에 대한 두려움이 무의식 깊은 곳에서부터 의식의 표면으로 떠오르지 않을 수 없게끔 수많은 사회문화적 요소들이 끊임없이 자극하고 있기 때문이다. 서구의 60~70년대나, 한국의 80~90년대는 인식론적 한계라는 것이 결국 '두려움에 기반한 위선'이라는 관점을 어느 정도 형성시켜주었다.

그런데 이것을 '비열한' 위선이라고 비판하는 눈이 만들어진 것은 진보적 운동이 스스로를 '용감한 희생자'로 담론화하면서 동시에 비운동적 타자들에 대한 비하를 어느 정도 드러냈기 때문이다. 내가 경험한 80년대에는 상당수의 운동권 남학생들이 '자기에게 편리한 만큼의 민주화'를 부르짖고 있었다. 왜냐하면 격렬하고도 열정적으로 해방을 위해 싸웠지만, 자신의 정체성에 통합적인 요소들을 위협하는 차원에서 즉 남성성을 재구조화하라는 요구에 직면해서는 평등에 대한 냉철한 논리가 아닌 조화에 대한 감상적 차단벽을 내세웠기 때문이다.

예를 들어 운동적 대의를 위해서는 부모에게 심려를 끼쳐드리는 것을 당당하게 감수하면서도, 성 역할의 민주화 문제에 직면해서는 부모에게 심려를 끼쳐드릴 수 없다는 효성을 내세우는 경우가 그렇다. 효자노릇을 하려는 의사가 썩 없어보였던 남성마저도 자신의 남성성을 보호하기 위해서는 효자의 정체성(탈)을 적극적으로 뒤집어 쓰는 것을 볼 수 있었다. 이러한 행동마저도 본인에게는 자각되지 않는 경우가 다반사이다. 그는 자신의 보수적 입장의 동기가 전적으로 부모에 대한 배려와 사랑이라고 믿어 의심치 않는 것이다. 그러나 여성의 관점에서는 '그가 자신에게 편리한 만큼의 평등만을 주장하고 있다'는 사실이 보인다.

이처럼 여성주의는 진보담론의 위선을 비판하는 방식으로 등장한 측면이 있다고 할 수 있다. 그런데 어떤 상대를 위선적이라고 격렬히 비판하고 나면 누구나 어느 순간엔가 자신에 대해서 책임을 져야 한다는 것을 알게 된다. 나 역시 비슷한 위선을 드러내고 있지는 않는지 돌아보아야 하고 또 내가 그런 성찰을 하지 않을 때에는 그럴 수 있는 기회를 다른 타자들이 제공해주기 때문이다. 서구의 여성주의는 백인중산층 중심이라는 문제제기를 유색인 하층으로부터 받았고, 이성애 중심이라는 문제제기를 동성애자들로부터 받았으며, 비장애인 중심이라는 문제제기를 장애인들로부터 받았고, 그밖에 다양한 차원의 범주들이 가시화되어가는 과정에 있다.

내가 비난했던 바의 행동이 내 안에도 있다는 것을 일단 인정하게 되면, 비난하는 일은 훨씬 조심스럽게 해야 할 일임을 알게 된다. 비난하기보다 이해하기에 중점을 두게 되면 〈'비열한' 위선〉은 〈'두려움에 기반한' 위선〉으로 이동하고, 그것은 또다시 〈인식론적 한계〉로 이동한다. 그러나 '비난'의 의도가 없는 〈인식론적 한계〉의 관점이 '정당화'의 의도와 동일시될 필요는 없다. 이해하는 일이 곧 문제를 존속시키는 일이 된다는 단순한 도식에 막혀있어서는 안 되기 때문이다.

여기서 문제의 핵심은 누구나 자기에게 편리한 만큼의 정의와 평등만을 주장하고 있다는 사실이다. 따라서 이 사실에 대해서 얼마만큼 인지를 하느냐 여부가 진짜 문제의 핵심인 것이다. 누구나 자기에게 편리한 만큼의 평등만을 주장한다는 사실이 함의하는 바는 다음과 같다.

첫째, 평등을 이론화하는 논거들은 사실 궁극적으로는 감정적 기반을 갖고 있다. 따라서 다른 사람에게 평등적 관점을 설득하기 위해 이성중심적 논리에 의존하는 것은 한계가 있을뿐더러 위선적인 요소를 내포한다. 즉 감정적으로 동기화된 자신의 내면을 솔직하게 드러내지 않은 채 이성적 논리의 명령에 따르고 있는 것처럼 포장하고 있는 것이며, 바로 그렇기 때문에 상대의 이성만을 건드리는 방식으로는 진정한 평등적 관점을 갖게 하는 데에 실패할 수밖에 없다. 그러므로 평등은 합리적 설득의 문제가 아니라 감성적 공감의 문제로서 접근될 필요가 있다.

둘째, 여성주의자 역시 자신에게 편리한 만큼의 평등만 주장할 가능성이 높다는 사실을 인정한다면, 다음으로 요구되는 일은 그 '편리한 만큼'의 범위를 명확하게 드러내는 일이다. 이것은 다른 말로 하면 자신의 감정이 거부감을 갖기 시작하는 지점을 정확하게 포착해내는 일이기도 하다. 여성주의자는 피억압 집단의 다양한 범주들에 대해 열려있기 때문에 상대적으로 포괄적인 평등적 관점을 갖는 편이지만, 이 평등적 관점이 이성적 명령에 따른 추상적인 것이라면 별다른 장점이 되지 않을 것이다. 즉 이성적으로 열려있다 할지라도 감정적으로 차단되어 있다면, 그리고 감정적으로 열릴 수 있는 기회를 거부한다면 이는 이성적으로 닫혀있는 것과 다르지 않다는 것이다.

그런데 감정적으로 연대감을 느끼지 않는 마음 상태에 대해서 옳고 그름을 이야기하는 것은 무의미할 수 있다. 이것의 극단적인 형태는 기아에 허덕이는 아이들에 관한 자료를 보면서도 아무런 감정을 느끼지 않는 사람에게 비난을 하는 것과도 같다. 또 다른 형태는 아이에 대해 애정이 별로 없는 어머니에게 비난을 하는 경우이다. 감정은 규범화될 수 있는 것이 아니기 때문에 대체로 윤리학은 행동을 규범화한다. 큰애보다 작은애가 더 좋더라도 행동은 똑같이 해주도록 명령하는 것이 전통적인 윤리학이다. 즉 감정을 고려하지 않는 윤리학은 위선의 요소를 내포함으로써 공격당할 여지를 스스로 만들어내는 것이다.

지금까지의 이야기를 요약하면, 평등은 감정의 문제라는 사실을 인정해야 하고, 바로 그렇기 때문에 규범화될 수 있는 것이 아니라는 것을 이해할 필요가 있다. 나는 많은 해방적 사회운동들이 평등을 규범화하는 방식으로만 스스로를 논리화했을 때 필연적으로 자신이 공격했던 대상과 동일한 문제를 드러냄으로써 또 다른 공격의 대상으로 스스로 전락하게 된다고 본다.

그러나 그렇다고 해서 모든 것을 있는 그대로 내버려두자는 말은 아니다. 문제는 평등에 대한 감수성을 어떻게 깨어나게 할 것인가이고 불평등의 폐해를 어떻게 견뎌낼 것인가이다. 이것을 풀어나가는 과정은 분명 기존의 평등개념과는 매끄럽게 조화되지 않을 것이다. 왜냐하면 기존의 평등개념들은 대체로 같은 것을 같게 대우하되, '어떤 차이에도 불구하고 무엇이 어떻게 같은가'에 대해서 주목하면서 보편적으로 적용될 수 있는 법칙을 추구하였기 때문이다.

나는 이 글에서 평등개념은 그것이 어떻게 적용되느냐에 따라서 끊임없이 변화하고 성숙해지는 개념이며, 그 적용방식에 있어서의 여성주의적 특성이 어떻게 기존의 평등개념으로 인한 폐해를 줄일 수 있는지에 대해 이야기하고자 한다. 즉 평등개념은 옳음의 차원에서 주장될 수 있는 권리의 문제가 아니라, 선의 차원에서 경험되는 확장의 과정이라는 것을 보이기 위해서 '여성주의의 가장자리', 즉 인간(여성)과 동물(자연)의 경계선에 주목하고자 한다.

2. 양성 간의 평등, 종들 간의 불평등?

우선, 먼저 내 개인적인 경험을 이야기하겠다. 내가 여성학과에 처음 들어온 1992년도에 나는 평등개념에 대해 관심을 갖고서 이를 주제로 리포트를 쓸 생각을 했었다. 나는 남녀평등에 대한 '당위'의 차원 이전에 보다 더 명쾌한 '사실'의 차원에 대해 관심을 갖고 있었고, 연구의 결과로 여성은 남성보다 열등하다는 결론이 나오더라도 이를 감수할 작정이었다. 그 당시 나는 나에게 불리한 사실일지라도 '진리'(?)를 알아내는 것이 더 중요하다고 생각하는 버릇이 있었다. 그래서인지 나는 자연스럽게 여성의 입장에서도 '편리한 만큼'의 평등논리가 주장될 수 있다는 의심이 들었고 그렇다면 인간과 동물 간의 평등 여부는 어떻게 규명될 수 있는지 궁금해지기 시작했다.

그런데 내가 인간과 동물 간의 평등문제에 대해 이야기를 할 때마다 나는 주변 사람들로부터 '기가 막힌다', '우습다', '넌 참 이상한 것에도 관심을 갖는다'는 등의 반응을 얻었을 뿐, 단 한 번도 진지한 반응을 얻지 못했던 것으로 기억한다. 이러한 반응들이 나를 힘 빠지게 했고, 또 워낙 쉽게 해결될 수 있을 것 같지 않은 어려운 문제로 여겨졌기 때문에 결국 나는 주제를 바꾸고 말았었다.

나는 여성주의자들이 동물에 대한 진지한 고려를 하지 못한 것은 '인식론적인 한계'라고 생각한다. 도시에 살고 있으면서 동물(가축)들의 실제 삶을 접하기도 쉽지 않고 자연환경에 대한 담론이 아직 활발하지 않은 시점이었기 때문에 그렇다고 생각한다. (여기에는 나도 물론 포함된다). 그러나 최근에 생태주의나 생태여성주의에 대한 논의가 어느 정도 등장하기 시작한 현 시점에서 볼 때, 동물과 인간 사이의 가장 명백한 불평등(가축제도)이 여전히 투명하고 보이지 않게 남아있다는 사실에 주목하고자 한다.

한국의 여성학은 다른 학문 못지않게 서구와 미국의 논의를 열심히 따라가는 편이다. 그런데 동물권과 채식주의에 대한 에코페미니즘의 논의가 90년대 초반부터 활발하게 전개되어왔음에도 불구하고 국내에서 전혀 관심을 받지 못하는 것은 사실 놀라운 일일 수도 있다. 나는 이러한 현상은 전형적인 '편리한 만큼'만 평등을 논의하는 데에서 나타난 결과라고 생각한다.[1] 앞서 말했듯이, 나는 '누구나'

편리한 만큼만 평등을 이야기하는 경향이 있다고 본다. 여성주의자라고 예외일 수는 없다. 다만 차이라면, 여성주의는 〈편리한 만큼만 평등 주장하기〉에 대한 문제의식을 갖고 있기 때문에 스스로에 대해서도 성찰할 수 있는 유리한 조건에 있다는 점일 것이다.

현재 한국에서 남녀평등은 헌법에 명시되어 있어서 그것은 명백한 옳음이고 여성차별은 분명한 잘못으로 논리화되어 있다. 사회문화적 관습들이 이를 제대로 반영하지는 않는다할지라도, 적어도 여성에 대한 차별이 있었다는 증거 앞에서 법정이 이를 묵과할 수는 없는 실정이다. 그런데 남성과 여성이 평등하다는 것은 하나의 주어진 옳음이지만 그 원인 즉 왜 남녀가 평등한지에 대한 논리적 증명이 주어져 있는 것은 아니다. 사실 남녀가 평등하다는 논리적 증거가 없는 것처럼, 모든 인간이 평등하다는 논리적 증거도 주어져 있는 것은 아니다. 무엇보다도 평등은 대상의 동일성에 있는 것이 아니라 대상을 대하는 주체의 동일한 마음가짐에 있는 것이기 때문이다.

그런데 동물들의 사정은 어떠한가? 모든 인간이 평등하다는 주장 속에는 동물과 구별되는 인간의 공통된 우월한 가치가 암묵적으로 내재되어 있다. 다른 존재들을 타자화시킴으로써 스스로의 가치와 정체성을 구축하는 방식을 남근중심적인 것이라고 비판한 여성주의는 적어도 평등의 근거를 타자화를 통한 우월성에 두어서는 안 될 것이다. 그런 의미에서 본다면, 서구의 남성지배담론이 여성을 자연과 연관 지으며 타자화시킨 것을 비판한다 할지라도, 여성과 자연의 연관성을 부인하거나 그 연관성을 위험한 것으로 보려는 전략은 근본적인 한계를 갖는다고 느껴진다. 이런 태도에는 또 다른 인간중심주의가 유사한 방식으로 억압을 행사할 수 있기 때문이다.

많은 사람들은 인간을 '동물 취급하는 것'에 대해 엄청난 거부감을 갖고 있다. (이것만으로도 동물이 어떤 취급을 받고 있는지 알 수 있다.) 나는 인간과 동물이 평등하다는 것이 인간과 동물을 동일하게 취급해야 한다는 것을 뜻한다고 보진 않는다. 이는 마치 여성과 남성을 동일하게 취급한다는 것이 그 자체로서는 무의미하고 종종 억압적일 수 있는 것과 마찬가지이다. 여성과 남성이 무엇이 같고 무엇이 다른지를 언어화하는 작업은 평등의 필요조건일 수는 있지만, 이를 토대로 해서 동일하게 '존중하는' 마음을 갖고 실천하는 것만이 평등의 충분조건이 될 수 있다. 하지만 무엇이 여성을 존중하는 것인지를 알기 위해서는 무엇이 여성을 어떻게 억압하고 있는지를 알아야 하며, 이러한 지식은 여성주의적 관점 즉 여성을 존중하려는 마음을 갖고서 접근해야만이 인식론적인 적합성을 얻을 수 있다.

이와 마찬가지로 무엇이 동물을 존중하는 것인지를 알기 위해서는 무엇이 동물을 어떻게 억압하고 있는지를 알아야 하며, 또한 이러한 지식은 '존중하려는 마음'을 갖고서 이 문제에 접근해야만이 얻어질 수 있는 것이기도 하다. 사실 여기서 '내가 왜 동물을 존중해야 하는데? 라는 질문을 제기하고픈 사람도 있을 것이다. 여기에는 '내가 왜 여성을 존중해야 하는데?'라고 묻는 남성에게 해줄 수 있는 답변과 유사한 것이 나올 것이다. 여성을 억압하는 실천들이 남성 스스로에게 직간접적으로 해가 되듯이, 동물을 억압하는 실천들이 인간 자신에게 직간접적으로 해가 되기 때문이다.

Katherine Pettus(1997)는 「생태여성주의적 시민권(Ecofeminist Citizenship)」이라는 논문에서 필요의 영역(oikos)에 대한 지배와 우월 속에서 형성된 자유의 영역으로서의 시민권(polis)이 상정하는 주체가 그 자신 안에서부터 파멸의 씨앗을 키워왔음을 지적한다. 아리스토텔레스는 시민의 업무는 공동체를 구제(salvation)하는 일이라고 했지만, 인간의 행복을 자연으로부터의 자유 또는 자연에 대한 정복의 과정으로 이해하는 관점으로 인해 얻어진 것은 모두가 지구적 위기에 직면하게 되었다는 사실이다.

따라서 자유를 실현시키는 일은 필요의 영역을 종속화시키는 것에서가 아니라, 자연과 필요의 영역 속에서 좋은 삶에 대한 비전을 발전시키는 데에서 찾아질 수 있다. 그녀가 인용한 시바와 미즈의 글을 재인용해보면 다음과 같다.

Freedom **within** the realm of necessity can be universalized to all; freedom **from** necessity can be available only to a few.[2] (강조는 인용자)

필요의 영역 속에서의 자유는 모두에게 보편화될 수 있지만, 필요
로부터의 자유는 소수에게만 가능한 일이다.

위 글의 본래적 맥락은 동물에 대한 고려를 하고 있지는 않다. 그
러나 나는 여기서 자연을 개념화할 때 동물에게 가해지는 가장 광범
위한 억압의 형태인 가축제도와 관련해서 다음의 질문을 제기하고
자 한다.

생태여성주의적 관점에서의 시민권이라는 것은 과연 가축제도를
필요악이라고 옹호해야 할 것인가? 인간의 필요의 영역은 육식을
정당화하는가? '소수'(인간이라는 종)에게만 가능한 필요로부터의
자유는 어떻게 '모두'(자연)가 누릴 수 있는 필요 안에서의 자유가 될
수 있는가?

여기서 육식과 채식의 차이는 입맛이나 기호의 문제가 아니라 지
구적 환경 내에서 지구공동체의 '구제'를 책임지는 시민이 직면하는
중요한 의제가 된다고 볼 수 있다.

3. 여성억압과 동물억압의 유사성
: 가축제도는 최후의 식민지?

가축제도 및 동물의 몸(시체)을 먹는 행위는 여타의 다른 억압적
행위 및 구조들처럼 뿌리 깊은 편견과 합리화에 의존하고 있다. 폭

력이 제도화되었을 때 사람들은 착취를 당연하게 받아들이게 되고 문제의식을 갖더라도 이를 정리할 수 있는 윤리적 틀을 갖지 못하게 된다. 아담스에 따르면 육식이라는 제도화된 폭력은 다음과 같은 특성을 갖는다.

첫째, 그것은 타자(동물)의 불가침성(inviolability)에 대한 침해이고 몰이해이다. 동물들은 농장에 갇혀있기를 원하지 않고, 실험실에서 해부되기를 원하지 않으며, 서커스나 동물원에 있기를 원하지 않고, 도살되기를 원하지 않는다.

둘째, 그것은 물리적 손상과 처우남용을 행한다. 가축들은 좁은 공간에 갇혀있기 일쑤이고 근육발달을 막기 위해 움직이지 못하는 조건에 처해있다. 평생 갇혀 있다가 도살되기 하루 전부터는 아예 음식물도 받지 못한다.

셋째, 그것은 일련의 부인하는(denial) 메커니즘을 갖는다. 폭력이 제도화될 때 실제로 존재하는 폭력성은 은폐된다. '고기', '육식'이라는 용어에는 동물이 경험하는 고통과 죽음이 은폐되어 있다. 그 덕분에 고기를 먹는 사람들은 언어의 스크린을 통해서 자신의 행동을 보지 않을 수 있게 된다. 그들은 끔찍한 도살의 현실을 부인하고 책임을 피할 수 있다고 자기기만을 하게 된다.

넷째, 그것은 '적합한' 희생자를 정해준다. 식용으로 이미지가 구성된 소나 돼지에 대해서 아무런 감정적 느낌을 갖지 않게 한다. 마치 강간해도 되는 여성(매춘 여성)과 그렇지 않은 여성을 구별하는 이데올로기처럼, 죽여도 되는 동물과 그렇지 않은 동물을 구별시킨다. 그러나 성폭력에 적합한 희생자가 존재하지 않는 것처럼 종 폭력에 적합한 동물이 있는 것이 아니다.

다섯째, 그것은 사회전반에 부정적 영향을 미친다. 가축으로 인한 수질오염과 쓰레기, 사료를 위한 삼림벌채와 같은 환경문제, 소비자의 건강문제, 육류산업의 노동자에 미치는 문제 등이다.

마지막으로, 그것은 소비자로 하여금 이 과정에 대해 수동적이 되도록 조종한다. 사람들은 유년기부터 식탁에서 동물을 먹을 수 있는 음식이라고 믿게 되고 어린이의 문제제기는 묵살된다.[3]

이처럼 동물에 대한 제도화된 폭력은 철저하게 정상성을 띠게 되고 '고기' 또는 '육식'은 자연스러운 것으로서 이데올로기화되고 탈정치화된다. 특히 '고기'라는 용어는 동물의 개별적인 실제 삶을 추상화시킨다. '고기'의 지시대상은 부재하고 동물을 죽인 주체도 사라진다. 그런데 여성에 대해서도 이와 유사한 추상적 언어화가 행해지고 있다. 성적 대상의 이미지로 구성된 여성의 몸은 종종 탈인격화된 '부위'로서 부각되고 있고 성 산업에 종사하는 여성들은 익명적인 몸으로서 이미 개별적 존재감이 인정받지 않게 된 경우이다. 그런 의미에서 다음의 문장은 적절한 표현이라고 생각된다.

Meat is like pornography: before it was someone's fun, it was someone's life. [4]

고기는 포르노와 유사하다. 그것이 누군가에게 즐거움이 되기 이전에, 그것은 누군가의 삶이었다.

포르노와 성매매, 성 산업은 여성을 동물 취급하는 전형적인 방식이다. 여성의 성적 대상화를 비판하는 수많은 논의들은 이를 충분히 드러냈다고 생각한다. 그런데 이들 논의에서 빠져있는 부분은 바로 '동물취급'의 내용이 동물에게는 어떤 의미를 갖는지에 대한 관심이라고 할 수 있다. 이점이 내가 앞서 이야기한 '편리한 만큼만'의 문제라고 여겨진다.

'편리한 만큼만'을 다른 말로 하면 '불편하지 않는 한'이기도 하다. 여성의 성적 대상화는 괴롭지만 동물의 소비는 불편하지 않기 때문이다. 아니, 동물에 대한 폭력은 괴롭지만 소비는 불가피(?)하므로 고통 없이 도살을 해야 한다고 주장하는 경우도 있을 것이다. 인터넷상에서 애완견 동호회에서 개고기 논쟁이 붙었을 때 놀랍게도 많은 수가 개고기를 찬성하면서 다만 고통 없이 도살시키는 것의 중요성을 강조했었다. 이들은 육류소비 일반에 대해서 반대하지 않는한, 개고기에 대해서만 특별히 반대할 수 없다는 논리적 무력감을 주로 드러냈다. 이들이 개의 도살을 심리적으로 원하지 않았음에도 불구하고 소극적인 타협적 관점을 견지한 사실에서 나는 기존의 평등개념이 안고 있는 폐해가 드러났다고 본다.

4. 이성중심적 윤리학이 만든 평등개념의 한계

서구의 근대윤리학은 권리의 언어를 통해 등장했다. 또한 여기에
는 자연스러운 감정에서 나온 행동은 도덕적 가치가 없다고 규정한
칸트의 이성중심적 관점이 우세한 전통으로 이어져왔다. 그 결과,
동물해방 이론을 개발하기 시작한 초기의 남성이론가들 역시 합리
주의 전통을 그대로 받아들이고 있음을 볼 수 있다.

Tom Regan(1983)은 합리적 존재로서의 인간은 목적으로 대우해
야 한다는 칸트의 규정을 확장하는 방식으로 이론화를 시도했다. 칸
트는 동물은 인간을 위해 존재하는 단순한 수단이라고 보았는데 리
건은 이를 종차별주의라고 비판하며 성인 포유류에게서 볼 수 있는
복합적 의식(awareness)은 이들을 목적으로서 대우할 근거가 된다고
보았다. 즉 동물을 목적으로 대우하는 일은 친절함의 문제가 아니라
정의의 문제라고 보았다.

Peter Singer(1975)는 공리주의적 관점에서, '합리적 사고를 할 수
있는가'라는 기준 대신에 '고통스러워할 수 있는가'를 근거로 동물
의 권리를 주장하고자 하였다. 즉 고통과 쾌락을 느낄 수 있는 감수
성을 중요시하여, 인종, 성별, 종과 무관하게 고통은 줄여져야 한다

는 논리이다. 그러나 여기에는 고통을 수량화하는 문제가 뒤따르기 때문에 싱어 역시 합리주의적, 객관주의적 전통에 서있다.[5]

그러나 합리주의적 전통에서 권리의 언어로 동물의 평등을 성립시키려는 노력은 많은 한계에 직면한다. 우선 동물과 인간의 유사성에는 명백히 한계가 있다. 또 길들여진 많은 동물들은 이미 인간과의 관계에서 자율적인 존재로 설정되기 어렵다. 그러나 무엇보다도 동물의 권리에 대한 담론에는 감정이 평가절하되었고 부인되어있다. 사실 인간이 동물에 대한 감정적 반응을 억제하기 때문에 동물에 대한 폭력과 착취가 계속 유지되고 있다는 사실을 생각한다면 동물을 옹호하기 위한 윤리학에서 감정을 배제하는 일은 모순적이 아닐 수 없다.[6]

소위 합리주의적 윤리학이 표방하고 있는 이성적 판단의 객관적 적용은 사실 은폐된 또는 자각되지 않은 감정에 기반하고 있다. 역사적으로 볼 때 권리의 부여는 항상 가장 가깝게 인지되고 심리적 공감이 가능했던 집단에게 우선적으로 주어졌다. 리건이 성인포유류의 권리를 주장하게 된 것도 비슷한 맥락이다. 즉 우리는 합리적 판단을 내리고 있다고 생각하지만 그 속에는 이미 가깝고 먼 관계들이 차별적으로 설정되어 있는 것이다. 한마디로 말하면 우리는 '편리한 만큼만' 평등을 '합리적으로' 주장하고 있는 것이다.

합리적 평등이 기반하고 있는 감정적 친밀감/거부감은 정의의 윤리학에서는 은폐되는 반면 보살핌의 윤리학에서는 투명하게 자각되고 있다. 그런 점에서 윤리학은 이성적 판단의 문제이기보다는 실천적 경험의 문제라는 사실이 인정되어야 할 것이다. 맥락에서 떨어진 추상화된 합리적 판단은 다음과 같은 오류들을 통용시킨다.

예를 들어서 동물을 생명체로 보면서 채식을 하는 이들에게 주어지는 단골질문은 '식물도 생명인데 그럼 식물도 먹지 말아야 하지 않느냐'이다. 유사한 질문들을 덧붙이면 다음과 같다. '소는 먹으면서 왜 개는 안 되는가', '관상용 식물에게는 애정을 주면서 애꿎은 배추는 왜 썰어서 먹는가', '육류는 안 되고 어류는 왜 먹는가'…….

이와 같은 질문들에 언뜻 보면 대답할 논리가 불충분할 것 같아 보인다. 그러나 이런 논리를 사람에게 적용시켜보면 이것의 문제가 보이기 시작한다. 매춘 여성을 착취하는 포주가, '어차피 거리에서 강간당하던 여자인데 여기서 돈이라도 받는 게 뭐가 그렇게 다르냐'고 따질 때, 급우를 괴롭히는 학생이 '어차피 우리 반에서 왕따 당하는 애인데 뭐가 문제냐'고 대답할 때, 병든 가족을 방치하는 사람이 '어차피 죽을병에 걸렸는데 치료는 뭣하러 하겠느냐'고 변명할 때, 우리의 도덕감이 저항하는 이유는 간단하다. 그것은 우리가 고통스러워하는 사람에 대해 공감할 수 있기 때문이다. 추상화된 지식이 아닌 상상 가능한 느낌이 있기 때문이다.

그런데 여기서 중요한 것은 느낌이 상상 가능하지 않은 사람들도 존재한다는 사실이다. 또한 경우마다 사람들이 공감하는 정도가 다르다는 사실이다. 많은 남성들은 매춘 여성들의 처지를 상상하지 못한다. 사창가에 한 번도 가보지 않은 여성보다도 오히려 사창가를 자주 드나드는 남성이 더 매춘 여성의 고통을 이해하지 못하는 것은, 채식주의자 보다도 오히려 육식애호가가 동물의 착취적 조건에 대해 알지 못하는 것과 비슷한 맥락이다. 특정 욕구의 충족을 계속 유지하기 위해서는 그 욕구충족을 가능케 하는 출처에 대한 비판적 시각을 의식 수준에서 억압해야 하기 때문이다.

이밖에도 사람들은 자신의 위치, 경험에 따라서 감수성이 다를 수밖에 없다. 동물과 밀접한 관계를 맺어본 사람과 그렇지 않은 사람은 추상화의 수준이 다를 것이다. '식물에게도 생명이 있다'는 말은 맞는 말이다. 그러나 이러한 논리로 동물이 경험하는 고통을 하찮게 추상화함으로써 마치 동물이 오직 먹히기 위해서만 살아있다는 식으로 보게 하는 것은, 동물의 고통을 공감할 수 있는 이들에게는 기막힌 억지가 아닐 수 없다.

동물을 죽이는 광경을 보는 것과, 꽃을 꺾는 광경을 보는 것은 대부분의 사람들에게는 동일한 감정을 불러일으키지는 않는다. 자신이 보다 쉽게 공감할 수 있는, 가까운 관계의 존재와 관련해서 우선적으로 거부감을 느끼게 될 것이다. 그런데 감정적으로는 거부감을 가지면서도 윤리적 차원의 문제제기를 하지 못하는 이유는 사람들이 평등개념이 추상화된 법칙론적 방식으로 적용되는 것에 익숙해 있기 때문이다. 소고기는 잘 먹으면서 개고기는 절대로 먹지 못할 많은 애견인들은, 억압에 있어서도 공평성이 적용되어야 한다고 하는 '이성적 판단'을 내리고 있기 때문이다. 동일한 추상적 법칙의 동일한 적용이라는 형평성의 논리에 기반해서 평등과 정의를 이해해 왔기 때문이다.

그러나 개인적 수행이든, 사회적 운동이든 간에 '정치적 올바름'에 대한 경직된 이해는 교조적인 규범을 억압적으로 행사함으로써 비난과 죄의식을 생산해낸다. 환경운동가가 과연 환경오염을 전혀 일으키지 않고 살 수 있는가? 교통수단을 전혀 사용하지 않고 쓰레기를 전혀 배출하지 않을 수 있는가? 가부장적 사회에 사는 페미니스트가 부계질서에 완벽하게 저항할 수 있는가? 페미니즘의 이름으로 결혼제도를 거부하는 여성이 다른 페미니스트의 결혼을 비판하는 일은 '50보 100보'의 양상을 보여줄 뿐이다. 하지만 그렇다고 사회적(?) 생존을 위해서 어차피 불가피한(?) 행위들이 역으로 정당한 것으로서 권리화된다면 이것이야말로 평등의 정신을 저해하는 일이 될 것이다.

5. 자아확장의 과정으로서의 평등

그렇다면 여기에서 어떤 결론을 내릴 수 있을까. 서두에서 밝혔듯이, 나는 평등논거의 감정적 기반을 인정한다면 그 범위를 솔직하게 가시화시키는 일이 중요한 과제라고 생각한다. 예를 들어, 소고기는 먹지만 개고기는 심리적으로 찬성할 수 없다는 마음을 당당하게 밝혀야 하는 것이다.

얼마 전 한 조사에 의하면 스페인 국민의 62%는 투우를 계승해야 할 전통으로 보고 있으나 84%는 다시는 투우를 관람하지 않겠다고 밝혔다고 한다.[7] 과거와는 달리 현대의 스페인 국민들은 투우경기를 잔인한 것으로 느끼고 다시는 관람하지 않을 생각을 가질 만큼 동물에 대한 감수성이 변했다고 할 수 있다. 대다수가 자신은 감정적인 거부감을 가지면서도 국민적 전통계승에 대한 '합리적 판단'을 내리고 있는 것은 칸트적 이분법이 여전히 강하게 작용되고 있는 것이라고 생각된다. 한국에서 개고기를 '혐오'하는 이들이 전통음식문화로서의 개고기를 찬성하고 있는 것도 비슷하다.

나는 사람들이 자기가 느끼는 심리적 불편함을 보다 적극적으로 드러내는 일이 중요하다고 생각한다. 이러한 드러내기가 투우애호가나 개고기애호가를 비난하지 않는 방식으로 행해진다면, 옳고 그름의 규범의 차원에서 죄의식를 유발하지 않은 채로 문제의식과 공감대를 확산시킬 수 있는 기회가 되기 때문이다. 지금과 같은 동물착취 구조가 뿌리 깊게 내린 인간중심적 사회에서 동물에 대해 쉽게 공감하지 못하는 것은 결코 '죄'가 될 수 없다. 남성중심적 사회에서 여성문제를 이해하지 못하는 남성의 한계도 '위선'이 아니라 '인식론적 한계'로 볼 필요가 있다. 그러나 그런 한계가 극복되기 위해서는 여성의 경험이 드러나야 한다는 점은 명백하다. 나아가 삼림벌채에 대해서는 가슴 아파하면서도 식탁에 오른 고기의 출처에 대해서는 무감각한 감정의 현주소를 이성적으로(!) 성찰해야 한다는 점도 명백하다.

평등은 이성적 합의의 문제이기에 앞서 – 수많은 집단들이 대표성을 지닌 자리에서 설령 합의가 이루어진다 할지라도 – 경험적 실천의 결과로 공감되는 문제이고 여기에는 정도의 차이가 존재하게 마련이다. 이러한 정도의 차이를 불가피한 것으로 인식할 때에만이 평등을 규범화시키려는 노력에서 벗어나 1) 평등에 대한 감수성을 어떻게 깨어나게 할 것인가와 2) 불평등의 폐해를 어떻게 견뎌낼 것인가에 대한 연구로 초점을 이동시킬 수 있을 것이다. 이와는 달리 지금까지의 논의 흐름은 대체로 2) 불평등의 폐해를 견딜 수 없으므로 1) 평등을 어떻게 강요할 것인가에 집중되어왔다고 생각한다.

사실 내가 생각했을 때, 칸트가 자연스러운 감정을 도덕적 실천에서 배제한 것에는 그만한 이유가 있다. 다수의 감정이 지극히 위축된 자아를 반영하는 시대에는 감정이란 이기적인 사고의 폐해가 아닐 수 없다. 그러나 역사의 발전과정은 보다 많은 지식과 타자들의 경험을 받아들임으로써 자아가 확장되는 과정이어서, 감정 역시 보다 높은 의식 수준의 이성을 반영하고 차이를 통한 위계화보다는 공존을 통한 자아확장을 추구하게 된다. 그렇기 때문에 윤리학에 있어서의 이성과 감정의 이분법은 의미를 잃게 되고 나아가 윤리학의 규범성 역시도 본질적(합리적) 토대를 갖지 않는다는 사실이 명확해질 것이다.

4장 채식과 에코페미니즘[*]

1. 머리말

지난 몇 년 사이에 채식에 대한 관심이 부쩍 늘어나고 있다. 98년 부터 통신상에서 채식동호회가 활성화되기 시작하여 현재 많은 동호 회들이 생겨났고 채식식당들도 늘어나고 있다. 매스컴에서도 채식을 주제로 하는 기사 및 방송들이 심심치 않게 나타난다. 서구와는 달리 오랫동안 채식을 위주로 하는 음식문화를 이어온 한국에서 채식이라 는 개념은 새삼스러울 수도 있겠지만, 현실은 이미 너무나 서구화된 식생활로 변화되어 있다. 새로 생기는 음식점들은 고깃집이 대부분 이고, 패스트푸드점들은 육식을 위주로 한다. 뿐만 아니라 채식을 하

---

[*] 이 글은 『여성건강』 제2권 1호(대한여성건강회, 2001)에 발표한 「채식과 에코 페미니즘」을 부분적으로 수정한 것이다.

겠다고 결정을 해본 사람이라면 알겠지만 현실적으로 채식하기가 거의 불가능한 상황이기도 하다. 나물반찬, 김밥, 국, 볶음밥, 김치전, 그 어느 하나에도 고기가 소량이나마 들어가지 않은 것이 없기 때문이다. 반찬에 들어간 다시다, 라면 스프, 과자에 들어간 쇼트닝, 빵에 들어간 계란 등, 동물성 성분은 그야말로 사방에 만연해있다. 국민의 육류소비가 17년 새에 2.5배로 늘어났다는 사실이 이를 말해준다.

그런데 광우병 파동으로 서구에서는 쇠고기 소비량이 상당히 줄어들었고 돼지에게서 발생한 구제역 및 여타의 전염병들 때문에 우리나라에서도 소비량이 줄어들었다고 한다. 이러한 맥락 속에서 새로이 등장한 채식에 대한 관심은 먹거리로서의 '안전성'에 대한 염려와 연관된다. 그래서인지 채식이라는 주제를 여성 혹은 여성주의와 연관 지어 이야기하려고 했을 때 많은 사람들은 그 연관성을 쉽게 파악하지 못한다. 채식은 음식에 관한 기호, 또는 건강을 위한 선호 정도의 차원에서, 그도 아니면 종교적 신념의 차원에서 이해되는 반면에, 여성주의라고 하는 것은 억압, 차별, 해방, 정의에 관해서 다루는 정치적인 영역이어서 별개의 것으로 다가오기 때문이다.

여성주의 이론들은 사적인 것이 정치적인 것임을 드러냄으로써 자연적이고 본능적인 것에 속한다고 여겨지는 섹슈얼리티가 사회적으로 구성된 것임을 밝혀냈다. 무엇을 사적인 것으로, 자연적인 것으로 규정할 것인가의 문제가 바로 사회적이고 정치적인 문제인 것이다.

또 에코페미니즘은 여성에 대한 남성의 지배와 자연에 대한 인간의 지배의 연관성에 주목함으로써 남성중심주의와 인간중심주의가 하나의 통합적인 억압체계라는 것을 보여주었다. 위계적, 이분법적 사고에 대한 비판적 시각은 주체와 대상을 분리시키는 근대성의 모순에 대해 성찰적이기를 요구하는데, 이것은 페미니스트 주체에 대한 성찰을 포함하는 것이기도 하다. 따라서 페미니스트 주체는 스스로가 선을 긋고 있는 바로 그 경계선에 대해 자각할 필요가 있다.

채식이라는 화두는 여러 가지 차원에서 접근될 수 있다. 한편으로는 건강, 영성, 사회문제(기아, 환경오염)에 대한 고려가 있고, 다른 한편으로는 동물억압에 대한 고려가 있다. 전자가 인간중심적인 관점이라면 후자는 인간중심성을 탈피하려는 관점이라고 할 수 있다. 그러나 양자가 뚜렷하게 구분될 수만은 없는데, 인간의 문제와 비인간 자연의 문제가 결코 분리되어 있지 않기 때문이다. 에코페미니즘은 이러한 통합적 관점의 중요성을 인식함에 따라 이분법적인 선택의 패러다임을 벗어나서 전일적이고 맥락적인 문제의식을 포괄하는 방향으로 나아가고 있다.

나는 이 글에서 에코페미니즘의 관점에서 왜 채식에 대한 고려가 등장하는지를 보이고자 하며, 이것은 기존의 채식옹호(동물권) 담론과 어떻게 다른지, 그리고 이것이 결국 페미니즘 자체에 대해 어떤 함의를 갖는지에 대해 논의하고자 한다.

2. 채식 옹호의 담론들

1) 살생과 영적 건강

채식에 대한 담론은 오래전부터 종교적 계율의 차원에서 존재해 왔다. 불교를 비롯하여 많은 동양의 종교들은 살생을 금하는 맥락에서 채식을 권장하였고 오늘날의 명상수행 단체들 중에서도 채식해야만 입문할 수 있는 단체가 있다. 모든 생명체들에 대해 자비의 마음을 품고 대하라는 명령은 모든 생명체들이 기운으로 연결되어 있다는 인식에 바탕한 것이며 영성에 대한 자각은 그러한 사실에 대한 체험을 가져다주는 것으로 본다.

불교 및 윤회를 옹호하는 관점에서는 살생은 여러 생애를 거쳐서 갚아야 할 업이 된다고 한다. 업을 모두 소멸시킬 때까지 윤회는 지속된다고 하는데 사람에 대한 살인은 몇 생애에 걸쳐 인연을 맺으며 갚아야 한다고 하고 동물에 대한 살생도 제각기 다양한 기간의 빚을 지는 것으로 일컬어진다. 한 연구에 따르면 동물을 먹음으로써 그 오라가 중첩되는 기간은 소가 1~3년, 돼지가 3년, 개는 50년 등이다. 반면에 곡식과 채소는 불과 몇 시간밖에 안 된다고 한다. 이를 통해 식물도 생명이지만 빚지는 정도가 비교가 안 될 정도로 낮다는 것을 시사해준다.[1]

오늘날의 신과학에서도 유사한 관점이 나타난다고 할 수 있다. 파동에 대한 연구들은 특정 기운이 물질 속에 새겨지는 현상을 보고하는데[2], 이런 관점에서 보더라도 죽임을 당하는 동물의 몸속에는 원한으로 인한 부정적인 파동이 남겨진다는 이야기가 된다.

우리나라는 서구에 비해 인간을 자연의 일부로 이해하는 통합적인 사상들의 전통을 이어왔다고 할 수 있는데, 뜨거운 물을 식힌 후에야 땅에 버리는 일에서 알 수 있듯이 미생물마저 배려하는 따뜻한 마음이 생활 속에 배어있었다. 현대에 와서 우리의 자연관은 서구적인 것으로 변화하여 자연은 인간을 위한 자원과 도구에 불과한 것으로 강등되었다. 자연 속에는 더 이상 그 어떤 신성함도 영성도 없다는 것이 사회의 공식적인 입장이 되었다. 따라서 현대의 채식 옹호 담론은 이러한 물질중심적, 인간중심적 관점에서 주로 표현된다. 그리하여 영적 건강을 위해 살생을 제한하라는 명령 대신에 육체적 건강을 위해 고기를 제한하라는 의학적 권고와 자원의 합리적 활용을 위해서 육식문화를 제한하라는 사회적 권고가 제시되는 것이다.

2) 육체적 건강 및 환경문제

육식이 몸에 해롭다는 의학적 연구들은 육식을 위주로 하는 서구에서 주로 나타났다. 정부의 보조금으로 인해 고기의 값이 싸게 유지되는 상황에서 국민의 육식 및 동물성 식품 소비는 꾸준히 증가하였다. 그러나 각종 암과 성인병 역시 꾸준히 증가하였고 의학계에서는 마침내 육류소비량을 줄일 것을 강력하게 권고하기에 이르렀다.

동물성 식품이 몸에 해로운 것으로 드러난 원인에는 가축들의 조건이 점차로 열악해진 사실이 관련되어 있다. 과거와는 달리 축산업은 보다 많은 이윤을 내기 위해 사료가 고기로 전환되기까지의 과정을 가능한 한 짧게 줄이며, 동물 한 마리당 높은 생산성을 내기 위해 불필요한 인도적 조건들은 생략하고 가축을 최대한 착취하는 방향으로 나아가고 있다. 그리하여 오늘날의 고기는 농약, 항생제, 성장촉진 호르몬의 덩어리라고 할 수 있을 정도로 오염된 음식이 된 것이다.

동물성 지방을 많이 섭취하게 되면 세포막의 유연성이 떨어진다. 병에 대한 저항력의 모든 것을 조절하는 T-임파구의 세포막도 예외는 아니다. 또 제초제와 농약이 뿌려진 풀을 소가 먹었을 때 그 독소들은 지방에 저장되기 때문에 동물의 지방층은 독소의 저장고라고 할 수 있다. 우유는 혈액 속의 성분을 농축시킨 것이므로 깨끗한 소의 우유가 아니고서는 믿을 만한 것이 못된다.[3]

영양적 측면에서 보면 단백질 과잉은 여러 가지 문제를 일으키는 것으로 나타난다. 골다공증 발생의 가장 중요한 요인이 단백질 섭취라고 한다. 아무리 칼슘 섭취를 많이 해도 단백질 섭취가 많으면 뼈에서 빠져나가는 칼슘의 양도 그만큼 더 많아지는 것이다. 또 단백질 과잉은 신장결석과 암을 초래한다. 일반적으로 동물성 단백질을 더 높게 평가하는 이유는 필수아미노산 때문인데 곡물 단백질과 콩 단백질을 혼식하게 되면 서로 부족한 것을 상호 보충함으로써 육식에 뒤지지 않는 완전단백질이 되기 때문에 반드시 육식을 할 필요가 없다고 한다.[4]

환경적 차원에서의 문제는 다음의 몇 가지를 열거할 수 있을 것이다. 축산업은 삼림벌채와 사막화를 일으키는 주요원인이며 야생생물의 멸종에 중심적인 역할을 하고 있다. 또 이들이 방출하는 메탄가스는 지구온난화의 요인이다. 소 1마리의 배설량은 16사람분이어서 미국에서는 육류산업의 유기배설물오염이 모든 산업을 합한 양의 4배가 된다. 미국의 경우 가축을 위해 사용되는 물은 전체 소비량의 절반에 해당된다. 고기 1kg을 생산하기 위해서는 밀 1kg을 생산하는 데 필요한 양의 100배가 소모되며 쌀의 10배가 소모된다.

사회적 차원에서는 제3세계의 빈곤과 기아문제가 걸려있다. 소와 기타 가축들은 지구상에서 생산되는 곡물의 1/3을 먹어치우고 있으며 미국에서 생산되는 곡물의 70% 이상이 가축의 먹이로 제공된다. 반면에 전 세계적으로 해마다 3000만 명의 사람들이 굶어죽고 8억 이상의 인구가 만성기아 상태에 놓여있다. 그런데도 현재 제3세계의 토지의 상당부분은 가축사료를 생산하는 데에 이용되고 있다. 식량이냐 사료냐 하는 문제가 대두되는 것이다. 1970년대 말에는 중앙 아메리카 전체농토의 2/3를 가축들이 점유하게 되었고 그 대부분은 북미에서 소비되었다. 즉 미국에서 수입되는 햄버거 하나를 위해서 6평방 야드의 숲이 발가벗겨지게 되는 것이다. 토지소유주들과 다국적기업들은 토지 점유를 확대하면서 점점 많은 부분을 목초지로 이용하고 있다.[5]

이처럼 수많은 이유로 채식이 보다 바람직한 선택임을 점점 많은 사람들이 주장하게 되었다. 그런데 이러한 논거들은 여전히 인간을 중심에 놓은 채 자연을 덜 착취하는 것이 인간에게도 유리하다는 관점을 대변하는 것들이다. 그러나 비인간 자연은 오로지 인간이라는 주인공을 위해 수단적 가치를 갖는 '환경'에 불과한 것일까. 고기를 먹지 않는 원인을 그것이 인간의 건강에 이롭지 않다는 데에서만 찾아야 하는 것일까. 만일 건강에 좋은 방식으로 조작하는 것이 가능하다면 육식은 권장할 만한 것으로 다시 바뀌는 것일까. 동물 자체에 대한 고려는 할 필요가 없는 것일까.

3. 에코페미니즘과 동물에 대한 고려

1) 동물억압의 현실

도시에 사는 사람들은 동물과 마주칠 기회가 적다고 여겨질 것이다. 그러나 대부분의 도시인들도 날마다 한두 번은 동물들과 직접적으로 마주치는 순간들이 있다. 바로 식탁 위의 고기라는 형태로 말이다. 그러나 김밥이나 샌드위치 속의 햄을 보면서는 물론이고, 돈 가스를 먹을 때조차 돼지라는 동물을 떠올리는 사람은 거의 없다. 의식 차원에서 그 고기가 돼지라는 동물에서 유래한다는 것을 안다고 할지라도 지극히 추상화된 의미로만 다가오기 때문에 어떤 구체적인 돼지가 어떤 구체적인 과정을 거쳐서 이 형태로 출현하게 되었는지를 실감하면서 먹는 사람은 별로 없을 것이다. 왜냐하면 그것에 대해 구체적으로 아는 바가 없기 때문이다.

대부분의 육류소비자들은 평생 동안 도살장을 구경해보지 못한다. 어떤 동물이 식탁에 오르기까지 어떤 과정을 거치게 되는지에 대해 구체적으로 이해하지 못한다. 오늘날 우리가 먹는 고기는 과거에 사람들이 동물을 사육해온 방식과는 거리가 멀다. 현대식 축산업은 점점 공장식으로 변해가고 있고 가축은 더 이상 우리와 유사한 이웃생명체로서의 동물이 아니라 높은 생산성으로 이윤을 뽑아내기 위한 자원과도 같은 것으로 개념화되고 있다.

> "동물들은 저가의 가축사료를 고가의 고기로 전환시키는 기계처럼 다루어지며, 영농인은 값싼 '전환비율'을 결과한다면 어떤 개혁방식이라도 채택하려 할 것이다."[6]

동물의 고통과 복지에 대한 관심 없이 산출되는 이윤에 초점이 맞추어질 때 어떤 결과가 초래되는지를 살펴보자. 여기서는 미국의 사례를 중심으로 살펴보겠는데, 우리나라의 경우 다른 점들도 있겠지만 자료가 부족하고 크게는 유사한 방향으로 나아가고 있다고 전제해도 될 것이다.[7]

사람과 마찬가지로 동물들은 신체가 속박되는 것을 원치 않고 애정으로 보살핌을 받은 이들은 그렇지 않을 경우에 비해 훨씬 더 건강하게 자라난다. 그러나 축산업의 관점에서는 가축이 병이 나거나 죽을 정도로 아프다 해도 도살장으로 끌려갈 때까지만 약으로 버티며 살아남는 것이 더 중요하기 때문에 각종 질병에 대한 '땜질'을 위해 항생제와 약물이 남용되고 있으며 이들의 복지에 대한 개념은 존재하지 않는다.

닭들은 건강이 아니라 무게에 따라 값이 매겨지기 때문에 그들에게 주는 모이 역시 최대한 값싸게 무게를 극대화하는 데에 선택 기준이 두어진다. 미국의 정부 보고서에 따르면 전국의 대다수 양계장에 있는 닭들의 90% 이상이 닭암에 걸려있다고 했다. 돼지들의 대다수도 도살 시점에 폐렴과 위궤양에 시달리고 있다.[8]

죽기 하루나 이틀 전에 먹은 음식은 살코기로 전환되지 않기 때문에 동물들은 굶주린 채 트럭에 조밀하게 쑤셔 넣어지고, 운송과정에서 일부가 사망하는 것은 정상적인, 예상된 손실로 여겨진다.[9] 도살과정에서 동물들은 앞서 도살된 동족들의 피 냄새를 맡으며 공포 속에서 죽음을 맞이한다. '안락한' 도살방법에 드는 비용을 최소화하기 위해 동물의 고통은 뒷전으로 밀리기 일쑤이다.

현대식 가축공장에서는 동물들이 극도로 밀집된 공간에서 사육된다. 닭들은 '밧데리 새장'이라는 곳에서 날개 한 번 펴지 못한 채 평생을 갇혀 지내고 암퇘지들은 뒤로 돌아설 수조차 없는 좁은 쇠우리 속에서 지낸다. 열악한 공간 속에서 동물들은 스트레스가 쌓여 공격적인 행동을 하게 되는데, 닭들은 서로를 쪼아 죽이기도 하고 돼지들은 서로의 꼬리를 물어뜯는다. 그런데 이 문제를 해결하는 방식은 공간의 확장이 아니라 닭의 부리 자르기, 돼지의 꼬리 자르기와 같은 도구적 방식이다. 동물들의 이러한 행동은 손실을 가져다주는 '나쁜' 행동으로 해석될 뿐이기 때문이다.

축산업의 현대화는 동물에 대한 착취를 강화하는 방향으로 나아가고 있는데 특히 암컷에 대한 착취가 심화되었다. 오늘날의 젖소는 과거에 비해 3배 이상의 우유를 만들어내며 수명은 과거에 20~25년이던 것이 지금은 4년이 채 못 된다고 한다. 이들은 항상 임신 중이며, 연이은 새끼 낳기와 운동할 여유라곤 전혀 없는 생활방식으로 말미암아 신경계가 망가져 가는데, 요즘의 젖소는 더 이상 온유한 짐승이 아니라 너무 과민하고 무리하여 종종 진정제를 먹어야 할 정도가 되었다. 현대식 양돈업도 1년에 6마리를 낳던 것을 20마리 이상으로 끌어올렸고 그 정도를 점차 높여가고 있다.[10] 그리고 닭들이 꼼짝없이 알만 낳는 기계로 둔갑했다는 것은 누구나 아는 상식이다.

동물의 암컷들은 새끼를 끊임없이 생산해내도록 강요받으며 동시에 끊임없이 새끼들을 박탈당하고 있는 것이다.

동물들은 사람의 음식으로 둔갑하기 위해서 억압당하기도 하지만, 사람의 다른 종류의 필요(?)를 위해서도 생체실험을 당함으로써 고통 받는다. 대부분의 사람들은 동물실험이라는 것이 있다는 것을 알지만 이것이 동물들에게 어떤 고통과 죽음을 가져다주는지에 대해서는 잘 모르고, 특별히 알려는 마음이 없다. 왜냐하면 동물실험은 인간을 위한 필요악이라고 생각하기 때문이다.

우리의 눈에 띄지 않는 곳에서 수많은 동물들이 해부당하고, 전기충격을 당하고, 냉동되고, 가열되고, 감압실에 넣어지고, 약물로 눈이 타들어가고, 해부되고, 가스처리되고, 방사선에 쬐이고, 분쇄되고, 마비되고, 손발 등을 절단당하고, 뇌를 제거당하고, 사회적으로 고립되고, 약물 중독되고, 의도적으로 질병에 감염되고 있다. 그러나 "수없이 많이 시행된 실험들 중에서 극히 일부만이 중요한 의학 연구에 이바지한 실험으로 간주될 수 있다. 많은 동물들이 대학의 임학과 및 심리학과에서도 이용된다. 그리고 그 이상의 동물들이 상업적인 목적에 이용되며 화장품, 샴푸, 식용색소, 그리고 별로 중요하지 않은 다른 품목들의 실험에 이용되고 있다. 이 모든 일이 일어날 수 있는 것은 우리 종 구성원이 아닌 존재의 고통을 심각하게 여기지 않는 우리의 편견 때문이다. 일반적으로 동물 실험 옹호자들은 동물들이 고통 받는다는 것을 부정하지 않는다. 그들은 동물의 고통을 부정할 수가 없다. 왜냐하면 실험이 인간의 목적에 어느 정도 기여한다고 주장하려면 인간과 동물들 간의 유사성을 강조해야 하기 때문이다."[11]

의약품 제조를 위한 실험마저도 우리의 건강을 증진시킬 목적으로 수행되는 경우는 적다고 한다. 영국 건강사회 안전국에 따르면 1971년과 1981년 사이에 거래된 약품을 검토해본 결과 새로운 약품은 치료적 필요보다는 상업적 수익을 지향하고 있다고 한다.

LD50(lethal dose 50 percent)이라는 급성 독성 실험은 연구대상이 되는 동물의 절반이 죽게 되는 물질량을 일컫는다. 동물들은 절반이 죽음에 이르기 전에 모두 심각한 병에 걸리며 격심한 고통을 받는데, 이런 실험은 인간이 제품을 사용할 것인지 여부와는 상관이 없고 오직 동물들의 절반을 중독사로 몰고 갈 물질의 양을 파악하기 위한 것이다.

드레이즈(Draize) 눈 자극 실험은 토끼의 머리를 조임 장치에 고정시켜놓고 표백제, 샴푸, 잉크 등과 같은 실험재료를 눈에 투입하는 것인데, 3주까지도 지속될 수 있는 이러한 실험은 염증과 출혈로 토끼에게 고통을 준다. 그러나 다음과 같이 보고하는 의사의 말에 주목하지 않을 수 없을 것이다. "나는 협회가 보증한 응급처방 의사로서 우발적 중독과 독극물에 노출되었을 때의 처방에 대해 17년이 넘는 임상 경험을 한 바 있다. 그런데 나는 드레이즈 실험 자료를 참고하여 눈의 상처에 대한 처방을 내리는 응급 처방 의사를 본적이 없다."

동물실험에 반대하는 운동의 결과 일부 화장품 회사들은 동물실험을 중단하게 되었고 『Science』지에서도 "세포 및 조직 배양과 컴퓨터 모델링과 같은 대안들은 단지 대중과의 우호적인 관계를 위해서 뿐만 아니라 경제적으로, 그리고 과학적으로도 바람직한 것으로 보인다"고 보고했다. 미국의 연방 기관은 1983년이 되어서야 살아있는 토끼의 눈에 양잿물, 암모니아, 오븐 세척제와 같은 부식성 자극제로 알려진 물질들을 투입하는 실험이 필요치 않다고 발표했다.[12]

동물을 실험용으로 사용하지 않을 수 있는 대안적 연구들을 위한 투자가 별로 행해지지 않고 있는 것은 동물이 인간을 위해 도구화되는 것을 자연스럽게 받아들이는 인간중심적 감수성 때문이다. 이러한 인간중심주의가 여성을 도구화, 타자화하는 남성중심주의와 같은 뿌리에서 나온 것임을 확인하기는 어렵지 않다.

2) 여성억압과의 연관성

여성에 대한 성적 학대와 동물 학대는 다양한 차원에서 연관되어 있다. 첫째, 성적 학대의 대상이 되었던 여성과 어린이들은 피해를 받는 과정에서, 남성 가해자가 이들을 통제하고 위협하는 수단으로 동물(주로 애완동물)을 위협하거나 실제로 죽이는 상황과 직면하곤 한다. 둘째, 성폭력을 당하는 과정에서 동물이 하나의 수단으로 이용되곤 한다. 즉 동물과의 강제적인 관계를 갖게 하는 경우를 말한다. 셋째, 성폭력을 경험한 어린이들이 동물을 학대하게 되는 것에서처럼, 성적인 학대는 피해자의 동물에 대한 태도에 특정 영향을 미친다. 그리고 이러한 성향은 이후에 성폭력과 살인으로 이어질 가능성을 내포한다.[13]

포르노의 한 장르는 여성과 동물 간의 성 관계를 내용으로 하고 있다. 여기서 문제는 단순히 여성의 몸이 동물과 동일시되고 있다는 점에만 있는 것이 아니라, 동물들도 그들의 몸으로 환원되고 있다는 사실에 있다. 스펠만(Elizabeth Spelman)에 따르면 신체혐오증(somatophobia)은 성차별주의, 인종차별주의, 종차별주의를 드러내고, '경멸받는 몸들'에 대한 적개심은 상호 얽혀있다. 서구의 철학전통에서 나타나는 영혼/몸의 이분법은 동물을 영혼이 없는 존재로 봄에 따라 그들을 소비재라는 수단으로 존재화시킨다. 또한 현대의 포르노에서 (백인)여성과 동물이 연결 지어질 수 있었던 것은 그 이전에 흑인여성이 동물로 묘사되었던 맥락 속에서 이해될 수 있다. 여성, 어린이, 동물에 대한 학대는 대부분의 사람들에게는 비가시화되어 있다. 마찬가지로 '동물의 몸 먹기(육식)', 사냥, 동물실험과 같은 동물 학대는 그것이 문화적으로 받아들여지고 있기 때문에 전반적으로 비가시화되어 있다.

이러한 구조화된 비가시성을 극복하기 위해서는 관계적 인식론 (relational epistemology)이 요구된다. 예를 들어 한 여자는 남편으로부터 죽음의 위협을 느끼는데도 그는 그녀를 사랑한다고 주장하고 있었는데, 이를 통해서 그녀는 자기가 동물을 사랑한다고 말하면서도 동시에 동물을 먹고 있다는 사실에 대해서 자각하게 되었다고 한다.[14]

가축사육은 특히 암컷에 대한 착취임을 앞서 보았다. 우유, 계란, 보다 많은 새끼 낳기 등은 생명을 생산하는 여성적 기능에 대한 착취를 극대화하는 방향으로 나아가고 있다. 또 동물 복제실험과 같은 생명공학의 발달은 인간 배아에 대한 연구로 이어지면서 여성과 인간의 몸을 도구화시키는 데에까지 이르고 있다. 따라서 억압을 가져오는 인식과 태도는 다양한 맥락들 속에서 통합적으로 이해될 필요가 있다.

사창가를 둘러본 사람들은 흔히 그 풍경을 정육점에 비유하곤 한다. 붉은 조명 아래 진열되어 있는 '아가씨'들은 손님이 보고 고를 수 있도록 최대한 구미에 맞게 포장되어 있거나 적당히 벗겨져 있다. 정육점에서는 동물들이 이미 죽어있다는 차이가 있지만, 사창가의 여성들도 '사회적으로'는 죽은 몸들이나 마찬가지이다. 사창가의 여성들이 손님들을 밝은 웃음으로 유혹하고 있듯이, '고기화'된 동물들도 제품 포장지나 광고에서, 그리고 고깃집 간판에서 밝게 웃고 있다.

모두들 먹어주기만을 바라고 있는 듯하다. 여성을 성적으로 소유하는 행위를 '먹었다'고 표현하는 사실은 양자 간의 유사성을 직접적으로 보여준다. 겉으로 드러나는 매춘 여성의 미소를 근거로 남성은 그녀를 성적으로 이용하고 착취하면서도 마음을 편하게 가질 수 있다. 이마저도 용이하지 않을 경우에는 그녀를 경멸하면 된다. 가장 억압받는 존재에게 가장 심한 경멸을 퍼부음으로써 면죄부를 받으려는 것이다. 동물의 경우에도 '동물적'이라는 표현에서 알 수 있듯이 대상에 대한 경멸을 통해서 그 대상을 착취하는 주체의 책임이 은연중에 회피되는 경향이 있다고 할 수 있다. "우리는 스스로의 야만성을 간과하며 다른 동물들의 그것을 과장해왔던 것이다".[15]

사창가에서나 정육점에서나, 여성은 존재하지 않고 동물도 존재하지 않는다. 여기서 '지시대상의 부재(absent referent)'[16]는 소비자의 편의를 위해서는 절대적으로 필요하다. 매춘 여성은 가명을 사용하여 사회적으로는 익명적이고, 소비자는 그녀의 개인적 삶의 궤적을 공감할 수 있는 기회를 얻지 못한다. 마찬가지로 '고기'라는 용어는 동물의 개별적인 실제 삶을 한낱 고깃덩어리로 추상화시킨 것이다. '고기'의 출처가 살아있는 동물이자 독자적인 개성과 기질을 가진 존재였다는 사실이 은폐된다.

포르노 사이트에 나타난 영상물에는 여성의 가슴만 보여주는 코너, 성기만 보여주는 코너 등으로 나뉘어지는 등, 몸의 부위와 연령

대, 인종, 몸에 가해지는 새디스트적 행위의 종류 등이 마치 메뉴처럼 고를 수 있게 되어있다. 소의 몸을 부위별로 골라서 구매하는 데에 익숙해진 소비자에게 이러한 분절화는 정당한 소비행위에 대한 권리로 인식되는 것처럼, 여성이라는 소비대상에 익숙해진 주체들에게 역시 유사한 무감각이 자리잡게 된다. 따라서 여성주의는 여성에 대한 성적 억압이 취하는 동물적 은유들을 드러내는 데에만 그칠 것이 아니라, 그 은유 이면에 존재하는 동물들의 현실에 주목함으로써 다양한 억압들이 어떻게 문화적으로 동시에 생산되는지를 드러낼 필요가 있다. 그리고 이것은 물질과 영혼이 어떻게 폭력적으로 이분화되고 있는지를 자각하는 일을 뜻한다.

여성주의가 가축제도의 이면에 있는 지배논리를 포착하지 못한다면, 경계선의 '이동'으로 환원되는 많은 해방논리들의 한계를 그대로 답습하는 결과를 낳을 것이다.

고기를 먹는 사람들 중에 자기가 직접 돼지를 잡아서, 살겠다고 괴성을 지르는 것을 멱을 따 죽이고 칼로 배를 갈라서 내장을 꺼내고 요리를 해서 먹을 수 있는 사람은 많지 않다. 그래서 이러한 행위는 신분이 천한 이들에게 귀속되어왔다. 과거에 양반들은 자신의 감수성에 거스르는 일은 백정에게 전가시켰고, 자기네들은 고기를 먹으면서도 백정에 대한 경멸은 결코 줄어들지 않았다. 오늘날 도축업에 종사하는 노동자들은 열악한 조건에서 상해를 당하고 가장 높은 이직률을 보여준다. 인간이 동물을 착취하는 과정은 그 속에 또 다른 피지배층에 대한 착취를 내포하고 있는 것이다. 그리고 동물에 대한 착취는 동시에 동물과 유사한 방식으로 취급되는 집단들 – 창녀, 유태인 학살, 인디안 원주민 학살, 흑인 노예화, 기타 하층 집단들 – 에 대한 착취를 정당화하는 방식으로 작용해왔다.

3) 자연적인 것과 정치적인 것

육식을 단순히 기호나 문화로 바라보는 관점에 익숙해 있는 사람이라면 지금까지의 논의에 대해 심한 거부감을 느낄 수도 있을 것이다. 이는 여성억압에 대한 강의를 들은 남학생들의 일부 혹은 상당수가 거부감을 느끼는 현상과 유사한 맥락이다. 왜냐하면 갑자기 가해자라는 비난을 받은 것 같은 경험을 하게 되었는데 막상 스스로는 그런 책임감을 느낄 수 없기 때문이다. 너무나도 '자연스러운' 삶의 일부로 통합되어 있던 부분에 대해 비판적 거리두기를 하기가 어려운 이유는 자신이 동참하는 억압이 제도화되어 있을 때 그것은 눈에 보이지 않기 때문이다. 지배체계의 특징은 그것이 자연스러움에 호소하여 스스로를 정당화한다는 것이고 폭력을 제도화시킴으로써 그 자연스러움을 극대화시킨다는 것이다. 인간이 자신의 이기적인 목적을 위해 동물을 도구화하고 착취하는 과정에는 여성에 대한 가부장적 억압체계와 유사한 메커니즘이 작용한다.

여성이 남성에게 편의를 제공하기 위한 수단으로서의 존재론적 의의를 갖는 것이 아니듯이, 동물들은 인간에게 먹히기 위해, 가죽을 제공하기 위해, 실험용으로 고통 받기 위해, 동물원에 갇혀서 구경거리가 되기 위해 살아가는 것이 아니다. 그러나 제도화된 폭력은 이 모든 것을 자각하기 어렵게 만든다. 동물의 시체는 '고기'라고 불리고, 실험용 동물의 살해는 '처리'에 지나지 않게 된다. 어미에게서 새끼를 빼앗는 것도 당연하게 여겨진다. 또 식용으로 이미지가 구성된 가축들에 대해서는 일반적인 의미의 '동물보호' 개념조차 적용되지 않는다. 그러나 성폭력에 적합한 희생자가 존재하지 않듯이, 종 폭력에 적합한 동물이 본래적으로 존재하는 것은 아니다.

서구의 근대적, 가부장적 지배체계는 타자성에 기반해서 대상을 지배하는 주체개념을 강화해왔다. 남성/여성, 인간/동물(자연), 이성/감정, 서구/비서구와 같은 이분법들은 억압을 정당화하는 논리로서 결합되고, 인종차별주의와 성차별주의는 인간중심주의라는 틀 속에서 정당화되곤 한다. 즉 인간이 타자화시키는 동물이라는 대상의 범위가 변화해왔을 뿐이었다. 그러나 지배체계가 긋는 선을 놔둔 채 특정 대상만을 이동시키는 일은 근본적인 대안이 될 수 없다. 여성과 흑인 및 기타 집단을 '인간'이라는 지배 집단으로 편입시키는 작업은 한계에 다다를 수밖에 없다. 왜냐하면 지배 집단과 피지배 집단을 구분하는 패러다임 자체가 끊임없이 특정 존재들을 피억압자로 재생산하기 때문이다. 따라서 특정 집단이 동물취급을 받고 있다면 여기서 더 나아가서 동물을 '동물취급'하는 일에 대해서도 근본적인 문제제기가 이루어져야 할 것이다.

특정 집단이 다른 집단을 억압하고 착취하는 것을 정당화하기 위해서는 항상 '자연적인' 차이에 기반한 논리가 사용되곤 했다. 그러나 자연적인 것 자체에 대한 재개념화가 요구된다. 무엇이 자연적인 것인가는 항상 사회적으로 구성되는 문제이다. 어머니가 아이를 돌보기 위해 사회생활을 하지 않는 것은 생물학/자연의 관점에서 이해될 일이 아니라 사회적으로 구성된 성 역할의 관점에서 이해되어야 한다. 돼지가 비좁은 우리에서 할 일 없이 사료를 받아먹고 살만 찌우는 것은 가축으로서의 자연스러운 본성의 관점에서 이해될 일이 아니라, 가두어놓은 채 음식을 찾아다니는 행위를 할 수 없도록 차단시켜 놓은 인간들의 통제의 관점에서 이해되어야 한다. 돼지에게는 더럽고 게으르다는 이미지가 덧씌워져있지만, 사실은 개보다도 아이큐가 높고 매우 사교적인 동물이라고 한다. 또 자연 상태에서는 여느 숲 속의 동물처럼 천성적으로 깨끗하고, 가능한 한 돼지는 자기네 잠자리와 먹이와 거주지를 더럽히지 않는다고 한다.[17] 그러나 돼지를 삼겹살 만드는 기계쯤으로 생각하는 인간의 관점에서는 돼지의 삶에 대한 인식은 왜곡되게 마련이다. 이는 매춘 여성을 성욕을 주체하지 못하는 음탕한 모습으로 재현시켜내는 메커니즘과 동일하다.

'사적인 것이 정치적인 것이다'라는 여성주의적 시각에서 보면 정치, 경제, 가정 간의 구분은 존재하지 않는다. 그런데 동물을 자연의 영역에 제한시켜놓는 관점은 여전히 이러한 구분에서 벗어나지 못한다. 죽은 동물들을 구매하는 일은 가정 내의 사적인 선택으로 여겨지고, 동물을 생산하는 것과 관련된 이슈들은 경제적인 것으로 돌려지는 것이다. 그런데 동물에 관한 그 어떤 논쟁도 문화적 맥락 속에서 발생하듯이, 인류를 육식동물이라고 주장하는 것도 정치적인 것을 자연적인 것으로 만드는 일이다. 육식 권하는 사회에서는 실제로는 정치적인 결정들이 자연적이고 불가피한 것으로 제시된다.[18]

오늘날 담배회사들은 제품에 경고문을 적도록 되어 있다. 담배산업은 의학적으로 점점 더 지지받지 못하고 있음에도 불구하고 담배업계는 흡연이 암을 유발하는가라는 문제는 아직 답을 얻지 못한 질문에 불과한 것임을 국민들에게 설득하려고 한다. 마찬가지로 육류 및 낙농, 양계업계는 포화지방 및 콜레스테롤이 심장질환의 원인이라는 증거가 충분히 축적되었다는 사실을 국민들이 눈치 채지 못하도록 할 수 있는 모든 일을 다 하고 있다.[19] "그 전투의 한쪽에는 육류와 양계 및 유제품 생산업자들의 경험 많은 동맹군과 그들이 매수한 정치적 과학동맹군이 함께 포진하고 있는 반면, 다른 한쪽에는 상대적으로 조직화되지 못한 독립적 의료연구진과 재정적으로 빈약

한 공공 소비자 집단, 그리고 정치적으로 인기 없는 입장을 취함으로써 상당한 위험부담을 기꺼이 감수하려는 몇 안 되는 정치지도자들이 드문드문 서있다."[20]

1984년 미국 연방정부는 의학사상 가장 광범위하고 많은 비용을 들인 연구 프로젝트의 결과를 발표하였는데 식단에서 콜레스테롤과 지방을 줄일수록 심장질환의 위험도 줄일 수 있다는 것이었다. 그럼에도 불구하고 대부분의 사람들은 육류 및 낙농, 양계업계가 워낙 노력을 기울인 탓에 이 소식을 듣지 못한 채 건강을 유지하기 위해서는 육류를 섭취해야만 하는 것으로 알고 있다. 그러나 심장마비와 뇌일혈을 풍요와 노화가 가져오는 피할 수 없는 부산물 정도로 생각하는 소극적인 태도는 심장질환을 일으키는 식품을 판매하여 이익을 챙기는 이들의 의도적인 노력의 결과인 것이다.[21]

모든 '과학적' 연구의 결과는 특정 동기 및 의식 수준에서 결정된다. 동물에 대한 인간(남성)의 우월성을 강조하는 합리성에 관한 논의의 이면에는, 공격성과 성 충동을 정당화하기 위해 수컷(인간)의 '동물적' 본성을 강조하는 논의들도 있다. 어떤 의식 수준에서, 무엇을 위해, 무엇을 연구하는가에 따라 우리 앞에 펼쳐지는 가능성의 세상은 다양한 형태로 등장하게 마련이다. 여성을 억압하는 체계를 토대로 해서 남성들 간의 평등을 마련하는 노력의 한계를 이해할 수 있다면, 비인간 동물을 억압하는 체계를 토대로 해서 인간들 간의 평등과 복지를 증진하려는 노력의 한계도 이해할 수 있을 것이다.

4. 채식의 여성주의적 의미

그렇다면 여성주의자에게 동물들은 어떠한 도덕적 고려의 대상이 되어야 하는가? 여성주의자들은 모두 채식을 해야 하는가? 그러나 식물도 생명이 아닌가? 식물에 대한 도덕적 고려는 안 해도 되는가? 이와 같은 일련의 질문들에 답하기 이전에 먼저 동물에 대한 윤리적 관점들을 정립시킨 논자들을 살펴보기로 하자.

1) 기존의(남성의) 동물 옹호 관점들

『동물해방』이라는 저서로 유명한 피터 싱어는 동물을 인간과 평등하게 대해야 하는 근거로 그들이 '고통을 느낄 수 있는 능력'이 있음을 들었다.

> "만약 한 존재가 고통을 느낀다면 그와 같은 고통을 고려의 대상으로 삼길 거부하는 자세를 옹호할 수 있는 도덕적인 논증은 있을 수 없다. 한 존재의 본성이 어떠하든, 평등의 원리는 그 존재의 고통을 다른 존재의 동일한 고통 – 대략적이나마 비교가 이루어질 수 있다면 – 과 동일하게 취급할 것을 요구한다. 한 존재가 고통을 느낄수 없다면, 또는 즐거움이나 행복을 누릴 수 없다면 거기에서 고려해야 할 바는 아무 것도 없다. 그리하여 쾌고 감수(感受)능력(limit of

sentience)은 타인의 이익에 관심을 가질지의 여부를 판가름하는, 우리가 옹호할 수 있는 유일한 경계가 된다. 지능이나 합리성 등과 같은 다른 특징으로 경계를 나눈다는 것은 임의적이라 할 수 있다. 그렇다면 가령 피부색과 같은 다른 특징을 경계 기준으로 채택하지 않은 이유는 무엇인가?

인종차별주의자들은 자신이 속한 인종의 이익에 더 큰 비중(자신들의 이익과 다른 종족의 이익이 충돌할 때)을 두고 있다는 측면에서 평등 원리를 위배하고 있다. 성차별주의자들은 자신이 속한 성의 이익을 우위에 둠으로써 평등 원리를 위배한다. 이와 유사하게 종차별주의자들은 스스로가 속한 종의 이익이 다른 종의 보다 큰 이익을 능가해도 그것을 눈감아 준다. 이 모든 경우에 문제의 패턴 자체는 동일한 것이다."[22]

싱어에 의하면 서로 다른 종 구성원들끼리의 정확한 고통을 비교하는 것이 불가능할지라도, 정확성이 본질적인 것은 아니며, 인간이 침해받는 이익보다 동물이 침해받는 이익이 확실하게 클 경우에만 동물에게 가하는 고통을 방지하려 한다고 하더라도 우리는 식사를 비롯해 영농법, 과학실험, 야생동물보호, 사냥 등에서 근본적인 변화를 일으켜야 하고 모피, 서커스, 동물원 등도 재고해 보아야 한다고 한다.[23]

다른 한편 식물도 고통을 느낄 수 있지 않은가라는 의문이 있을 수 있다. 싱어는 동물이 고통을 느낀다는 근거로 행위, 신경체계의 특징, 고통의 진화적 유용성을 제시했는데, 식물의 경우 고통을 느낀다는 사실을 암시하는 행위를 발견할 수 없고, 중앙 신경체계가 없으며, 죽음을 피하기 위해 고통의 지각을 사용하지 않기 때문에 고통을 느낄 수 있는 능력을 개발했다고 보기 힘들다고 한다. 그런데 설령 고통을 느낀다는 증거가 발견된다고 할지라도 우리가 동물을 먹어도 무방하다는 결론이 도출되지는 않는다. 육식은 채식에 비해 식물을 최소한 10배 이상 파괴하기 때문이다.[24]

고통의 최소화를 강조하는 싱어의 공리주의와는 달리 톰 리건은 동물들이 인간들처럼 양도될 수 없는 권리를 지닌 도덕적 주체라고 주장한다. 리건은 공리주의적 관점으로 동물을 옹호하는 데에 한계가 있다고 보는데, 왜냐하면 그것은 오히려 종차별적인 실천들을 정당화하는 데에 이용될 수 있기 때문이다.

리건이 싱어에 대해 제기하는 비판은 다음과 같다. 사람들의 이익을 똑같이 인정을 하면서도 사람들을 다르게 대우하는 것이 가능하다. 즉 다르게 대우한다는 것이 그 자체로 이익의 평등한 고려의 원리를 위배하는 것이 아니라는 것이다. 이익의 평등한 고려의 원리와 최선의 결과 사이에는 아무런 필연적 연관이 없기 때문에 공리주의 원리는 집단들 간에 근본적으로 다른 대우를 하기 위해 이용될 수 있다. 예를 들어 두 집단의 이익을 동등하게 인정하면서도 특정 차별이 공리주의적 차원에서 최선의 결과를 가져온다고 주장함으로써 차별을 옹호할 수 있다.[25] 즉 공동체 전체의 고통 대비 즐거움의 양을 최대화할 때 고통이 주로 동물에게 편중될 수 있음을 원리적으로 허용한다는 것이다.

칸트에 따르면 인간은 그 자체가 목적으로서 존재하며 수단이 되어서는 안 된다. 이성능력에 근거해서 인간은 이러한 권리를 지닌 도덕적 주체로 간주된다. 그런데 인간 도덕적 피행위자(정신지체가 심한 경우 등)라고 해서 수단으로 대우해도 되는 것은 아니다. 만일 그렇다면 도덕적 행위자나 피행위자 모두 권리개념에 내포된 존중을 받을 자격이 있다는 것인데, 비인간 도덕적 피행위자(동물) 역시 여기에 포함되어야 할 것이다. 리건에 의하면 동물을 목적으로서 대우하는 일은 정의의 문제이며 도덕적 의무인 것이다. 리건은 이성능력에 근거해서 '본질적 가치'를 부여하는 칸트와는 달리 '삶의 주체'이어야 한다(be subject of a life)는 기준을 제시하는데 이것은 적어도 1세 이상인 정상적 상태의 포유류 동물에 한정된다.[26] 따라서 동물들을 사육한다는 것은 아무리 좋은 방식으로일지라도 그들을 수단으로 여기는 것이기 때문에 그들의 기본권을 침해하는 것이 된다.

다른 한편 전체론적 환경윤리론자들에 의하면 싱어나 리건처럼 개체론적 접근법을 취할 경우 각각의 유기체에 대한 배려가 생태계를 오히려 왜곡시킬 수도 있다고 본다. 예를 들어 야생에서 토끼를 보호할 경우 그들을 먹고 사는 일부 동물은 굶어죽을 것이고 이것은 연쇄적으로 생태계의 먹이사슬을 차단하여 생명 에너지 흐름을 끊

어놓는 결과를 초래할 것이라는 것이다.[27]

이에 대한 복잡한 논의를 여기서 다룰 수는 없지만 나는 이 문제를 염두에 두더라도 채식에 관한 관점이 영향을 받지 않는다고 생각한다. 싱어는 다른 동물이 다른 동물을 포식하는 것에 대해서는 개입하지 말아야 한다고 보았는데,[28] 어찌되었든 사슴을 포식하는 사자와 소를 먹는 인간은 같은 선상에서 비교될 수 없다. 우리가 고릴라 같은 채식동물보다 굳이 사자 같은 포식동물과 스스로를 동일시할 필요는 없는 것이다. 그리고 사자를 채식주의자로 만들 수 없다는 판단에 대한 강조는 우리가 채식주의자가 될 수 있다는 사실을 인정하지 않으려는 변명에 가까울 것이다.[29]

또 인간들이 모두 채식을 하게 된다면 가축동물들이 멸종하리라고 걱정하거나[30], 어쨌거나 약탈자에게 노출된 야생의 상태보다는 나은 환경에서 살고 있다는 주장도 있다.[31] 그러나 이것은 일종의 제국주의적 논리에 다름이 아니다. 이처럼 해방자(?)를 자처한 논리는 지배를 정당화하는 이데올로기일 뿐이다.

2) 보살핌의 윤리학

여성주의자들은 채식과 동물의 존엄성을 옹호하기 위해 위의 논의들과 구별되는 논의를 제시하고 있는가? 가장 큰 차이점은 윤리학 자체에 대한 관점에서 온다고 할 수 있겠다. 싱어와 리건은 벤담의 공리주의, 칸트의 의무론을 계승했다고 할 수 있는데, 이것은 여전히 이성을 우위에 두는 정의의 윤리학 전통에 서있는 것이다. 이들은 이론적 정합성과 일관성을 꾀하고, 인간에 대한 대우와 동물에 대한 대우를 비교하여 공평성의 문제를 제기하는 데에 주력한다. 그러나 보살핌의 윤리학의 관점에서 동물의 착취에 반대하는 것은 인간과 동물에 대한 비교에 기반해서가 아니라, 동물들에 대한 남용(abuse) 그 자체에 대한 고려에서 나오는 것이다. 동물에게 행해지는 폭력에 반대하는 이유는 인간에게 행해진 폭력과 비교해서가 아니다. 물론 인간에게 행하는 폭력에 대해서도 반대를 하겠지만, 인간은 보호를 받는데 동물은 보호받지 못한다는 식의 형평성 문제에 초점이 놓여있는 것이 아니다.[32]

보살핌의 윤리학은 캐롤 길리건에 의해 담론화된 이후로 여성주의자들에 의해 많이 논의되어왔다. 이 관점에서는 도덕주체는 보살핌의 자질을 지닌 관계적, 상호의존적 존재로 인식된다. 이성적 동의보다 감성적 공감이 도덕적 가치로서 중시되고 구체적 상황 속에서 관심을 행동으로 옮김으로써 타자에 대해 책임을 지게 된다. 따라서 동물해방을 위해서 사람들을 이성적으로 설득하는 것에 가장 큰 비중을 두지는 않는다. 논리와 지식은 중립적인 마음 위에서 접수되고 작동하는 것이 아니라, 특정 마음과 감정이 특정 논리와 지식을 수용하는 것을 가능케 하기 때문이다.[33]

싱어와 리건은 동물에 대해 무관심한 사람들에게 어떻게 동물을 존중하도록 합리적으로 설득해낼 것인가에 힘을 모았는데, 보살핌의 관점에서는 사람들이 동물에 대해 따뜻한 마음이 있음에도 불구하고 왜 동물에 대한 착취가 지속되고 있는가라는 문제에 주목한다. 따라서 동물을 착취하는 자들의 논리적 모순을 공격할 것이 아니라, 사람들이 동물에 대해 느끼는 연민을 드러나지 못하게 하고 차단시키도록 조작하는 장치들에 대해 저항하는 일이 중요하게 대두된다.[34] 사람들은 동물에 대해 공감할 수 있는 잠재력을 갖고 있기 때문에, 동물을 착취하는 제도들은 "무지를 지속시키고, 두려움을 촉진시키며, 잔임함을 보상하고, 친절함을 처벌"[35]하는 장치들을 발전시켜왔다. 동물실험에서도 표면적으로는 전혀 고통을 말하는 것 같지 않게 보이면서 사실상 고통을 지시하는 상당수의 용어들을 개발해내야만 했던 것이다.[36]

보살핌의 윤리학의 관점에서 채식을 옹호하는 페미니스트들은 권리개념에 기반한 동물권 이론이 다음과 같은 한계를 갖는다고 본다. 첫째 동물과 인간의 차이보다 유사성에만 초점을 맞춘다. 둘째, 권리 이론이 전제하는 존재론은 동등하고 자율적인 주체들인데 길들여진 동물들은 인간에게 의존하는 관계에 놓여있다. 자율적 주체라는 설정의 한계는 인간사회 내에서도 페미니스트들이 제기하는 문제이기도 하다. 셋째, 권리 이론은 감정을 평가절하거나 억제한다.

그러나 인간이 동물에 대한 감정적 반응을 억제하기 때문에 동물에 대한 폭력과 착취가 계속 유지되고 있다는 사실을 생각한다면 동물을 옹호하기 위한 윤리학에서 감정을 부적절한 요소라고 배제하는 일은 모순적이다. 넷째, 권리 이론이나 공리주의는 보편화될 수 있는 원칙이나 수량화될 수 있는 판단에만 의존함으로써 추상적이고 형식주의적이 되는 경향이 있다.[37]

　보살핌 이론은 어머니/자녀, 간호사/환자 등과 같은 불평등한 관계로부터 발전되었기 때문에 인간/동물 관계에 더 적절하다고 할 수 있다. 또한 판단의 기반이 되는 것이 감정이라는 점을 인정하기 때문에 보다 가까운 대상에게 더 많은 혜택이 돌아가게 한다 할지라도, 적어도 권리 이론과는 달리 이 사실을 인정하고 있다. 합리주의적 윤리학이 표방하고 있는 이성적 판단의 객관적 적용은 사실 은폐된 또는 자각되지 않은 감정에 기반하고 있다. 역사적으로 볼 때 권리의 부여는 항상 가장 가깝게 인지되고 심리적 공감이 가능했던 집단에게 우선적으로 주어졌다.[38] 우리는 합리적 판단을 내리고 있다고 생각하지만 그 속에는 이미 가깝고 먼 관계들이 차별적으로 설정되어 있다. 그런 점에서 '마음이 허용하는 만큼만' 평등을 '합리적으로' 주장하고 있는 격이다.

　윤리학은 이성적 판단의 문제이기 보다는 실천적 경험의 문제라는 사실이 인정될 필요가 있고 페미니스트들은 일반적으로 개인적 감정의 중요성을 강조해왔다. 그런 의미에서 하나의 도덕적 선택의 과정에는 자신을 직접적으로 참여시키는 작업이 장려되어야 한다. 만일 고기를 먹는 것에 아무런 문제가 없다고 느낄 경우, 도살장을 방문하면서도 동일한 판단(감정)을 유지할 수 있는지를 확인해보는 것도 유의미할 것이다.[39]

맥락에서 떨어진 추상화된 합리적 판단은 '식물도 생명이다'라는 류의 반론을 펴는 데서 전형적으로 나타난다. 여기에는 여러 답변이 주어질 수 있을 것이다. 살생(업 즉, 중첩되는 오라장)을 최소화하기 위해서는 그나마 채식이 바람직하다는 공리주의적 답변이나, 식물은 동물과는 달리 자신을 내어주는 높은 수준의 영성을 갖고 있기 때문에 우리에게 식물을 먹을 권리가 있다는 류의 명상수행적 관점의 답변이 있다. 그런데 이러한 논리 외에도, 우리가 논리다발 이상의 존재라는 사실이 상기되어야 할 것이다. 우리나라에서 벌어지는 개고기에 관한 논쟁에서 간단하게 예를 들어보겠다.

개고기를 합법화하자는 일부 국회의원들의 주장을 발단으로 해서 인터넷상에서 전개된 논쟁들을 보면 두드러진 특징이 하나 있다. 반대와 옹호가 명확한 일부를 제외하면 상당수의 사람들이 본인은 개를 좋아하고 개고기를 먹진 않지만 개고기를 반대할 만한 논리를 세울 수 없기 때문에 개고기를 먹는 문화에 대해서 문제제기를 할 수 없다는 무력감 내지는 씁쓸함을 보여주었다는 점이다. 소, 돼지, 닭을 먹으면서 개는 먹을 수 없다는 논리는 형평성에 어긋난다는 것이 이유였다. 그러나 여기에는 인간이 개라는 동물과 맺어온 특별한 관계에 대한 고려가 빠져있고 누구나 한 번쯤은 개를 쓰다듬으며 친근함을 느껴본 적이 있고 의사소통을 해왔다는 사실이 배제되어 있다. 따라서 자신의 개에 대한 감정이 돼지에 대한 감정과 명백히 차별화되어 있음에도 불구하고 형평성의 논리에 따라 이를 묵살하고 있음을 알 수 있다.

필자 역시 이와 같은 추상적 논리 때문에 죽음을 당하는 개들을 생각하며 가슴이 아팠지만 어쩔 수 없다고 여겼었다. 그런데 어느 시점에서 나는 개인적인 사건을 통해 개의 죽음을 직접 구체적으로 접하는 경험을 계기로 '개고기'에 적극적으로 반대하는 입장을 표명하기에 이르렀다. 이는 구체적 현실과 동떨어진 추상적 논리, 그리고 구체적 체험을 거친 현실 인식이 어떻게 달라질 수 있는지를 보여주는 사례라고 할 수 있을 것이다. 원칙중심적인 형평성은 우리의 현실이 차별화된 감정으로 구성되어 있음을 외면한다.

평등의 이상(ideal)은 어디까지나 해방적 관심에 기반해야 하지 억압을 평준화하는 데에 그 의미가 있는 것은 아닐 것이다. 다수가 가슴 아파하고 불쌍히 여기지만 소수가 식도락을 위해 즐기는 그런 관습이 유지된다는 건 다수가 자신의 감정을 억제한 결과이며 그 피해는 그들에게 돌아간다. '식물도 생명이다'라는 반론은 동물의 생명과 죽음에 대한 구체적 감정을 배제시킨 추상적 논리일 뿐만 아니라, 동물 살생에 대해 진지하게 고려해보기를 거부하려는 의도에서 등장하는 논리에 가깝다.

이러한 의도가 강력할 때에는 감정 자체가 억압당해서 아예 느낌이 없게 되기도 하는데, 특정 대상의 이익에 반해서 자신의 특정 필요를 충족시키고자 하는 또는 그래야만 하는 상황에서는 대상에 대한 감정이입은 무의식 수준에서 차단되기 때문이다.[40] 일반적으로 잔인하다고 여겨지는 행동을 하는 많은 이들에게 그 잔인함은 본성이나 기질이 아니라, 자신의 특정 필요를 위해 대상으로부터 감정적 교감의 가능성을 철저하게 차단시킨 결과이다. 집단적으로 이러한 일이 벌어지는 극단적인 예가 전쟁일 것이다. 따라서 이것을 초래해야만 하는 '필요'가 과연 어떤 인식 수준에서 정당화되는 '필요'인지를 성찰하는 일이 요구된다고 하겠다.

채식에 대한 논의는 바로 육식이라는 '필요'에 대한 성찰을 하고자 하는 논의이다. 이것은 진공 상태에서의 논의가 아니다. 이미 육식 사회에 길들여진 주체들이 스스로의 실천의 결과의 폐해에 대해 고통스러워한 결과 이 실천이 과연 어떤 정당한 '필요'에서 비롯되는 것인지를 비판적으로 성찰해보자는 것이다.

5. 페미니스트는 채식해야 하는가?

그렇다면 페미니스트는 채식을 해야 하는가? 나는 이 질문이 페미니즘 자체에 대해 시사해주는 점이 많다고 생각한다. 가부장적 사회에서 페미니스트는 결혼을 해도 되는가? 나는 이와같은 질문은 올바름에 대한 왜곡된 이해에서 비롯된 부적절한 질문이라고 생각한다. 억압과 소외에 대한 문제의식이 곧바로 특정 도덕적 삶에 대한 모델과 직결되어서는 곤란하다. 올바른 행동의 강령을 세우려는 시도는 항상 억압적이게 마련이다. 채식하면서 평생을 잘 살아가는 사람이 있지만 어떤 이들에게는 육식하지 말자는 권고가 억압적일 수 있다.

캐롤 아담스는 페미니스트 모임에서 채식을 실천하는 것에 대해 강조해왔다.[41] 그녀는 우리가 자연적이라고 생각하는 실천들이 정치적인 것들임을 여성문제와의 연관성 속에서 보여주려고 노력했다. 그런데 내 생각에, '사적인 것이 정치적인 것'이라는 페미니즘의 명제는 사적영역에서의 억압을 드러내기 위한 것이지, 사생활에 대한 새로운 규범을 강요하기 위한 것은 아니다. 그것은 동시에 정치적인 영역을 벗어난 영역이 존재하지 않는다는 사실에 대한 인식이기도 하고, 따라서 모든 것이 연결되어 있다는 자각이기도 하다. 즉 '나'는 사소한 일에까지 구조적으로 영향(억압)을 받는 사람이기도 하지만 사소한 일을 통해서도 구조에 영향(변화)을 미치는 사람이 될 수도 있는 것이다. 채식 위주의 생활을 선택한다는 것은 분명히 정치적인 실천이다. 그러나 선택은 각자가 하는 것이고 우리는 서로의 선택을 존중해주어야 한다. 서로의 선택을 존중해준다는 것은 상대의 선택의 결과로 인해 자기가 받는 피해 혹은 고통을 감수한다는 것을 말한다. 페미니스트는 가부장적 인식을 가진 사람들의 선택을 존중해야 하듯이, 동물을 사랑하는 사람은 그렇지 않은 사람들의 선택을 존중해야 한다는 뜻이다. 올바른 선택이 존재하는 것이 아니라 보다 나은 선택이 존재한다고 보는 관점에서 페미니즘을 접근한다면 '정치적 올바름'의 폐해를 줄일 수 있을 것이다.[42]

나는 페미니즘은 합의의 문제가 아니라 공감의 문제라고 생각한다. 또한 증명의 문제가 아니라 열망의 문제라고 생각한다. 내가 페미니스트인 이유는 여성이 남성과 평등하다는 '사실'을 알았기 때문이 아니다. '사실'은 본래적으로 존재하는 것이 아니라 신념에 의해 창조해내는 것이기 때문이다. 평등은 대상들의 동일한 가치에서 오는 것이 아니라 대상들을 똑같이 존중하려는 주체의 마음가짐에서 오는 것이다. 존중하는 마음에는 대상의 특수성에 대한 지식이 축적될 여지가 생긴다. 따라서 차이에 대한 인식이 차별로 이어지지 않는다. 또 원칙에 대한 예외가 부정의(injustice)가 되지 않는다. 그런데 평등의 이념은 대체로 존중하는 마음이 없는 주체들에게 이성중심적인 방식으로 '존중'을 '설득'해내는 합리적 작업에 다름 아니었다. 마음이 따라가지 못하는 것을 머리에게 강요할 때 행동은 경직된 그 무엇으로 변해버린다. 그것은 규범이 되어버리는 것이다.

마르티 킬의 말처럼, 우리는 인간이 돌멩이보다 가치롭다고 느끼지만 그것을 합리적으로 증명할 수는 없다.[43] 동물들에게 내재적인 가치를 부여할 것인가의 문제는 그들의 쾌고 감수능력이나 아이큐를 증명해서 결정될 문제가 아닐 것이다. 우리는 우리와 유사한 척추동물들에게 더 많은 공감대를 느끼지만 조개의 움직이는 모습을 보고서 채식주의자가 된 사람도 있다. 또 식물, 무생물과 대화를 나누는 사람도 있다. 어느 정도로 무엇에까지 공감대를 느낄 수 있는가는 합의해서 결정되는 것은 아니다. 다만 그 공감대의 경계선이 변화과정에 있고 이를 통해 역사의 성숙(?)함을 확인할 수 있을 따름이다.

에코페미니즘은 여성과 자연에게 행해지는 착취 혹은 '존중하기의 실패'가 왜 모두에게 억압적인가를 보임으로써 결국 모두가 어떻게 연결되어 있는지를 보여주었다고 생각한다. 여기에는 가해자(집단)에 대한 분리적 사고도 적용되지 말아야 한다. 사실, 동물을 사랑하는 사람에게 동물억압의 현실은 참아내기 힘든 작업일 수 있다. 페미니스트에게 여성억압의 현실이 참아내기 힘들 때가 많은 것과 마찬가지이다. 그러나 가해자(집단)가 체험적인 인식을 바꿀 수 있도록 인내심을 갖고서 영향을 주는 작업을 하겠다는 관점에서 접근하지 않은채 섣불리 이성에 호소하는 작업에만 치중한다면, 그것은 또 다른 '합리성'들을 난무시키는 전투장으로 변해버릴 수 있다.

페미니즘이나 동물해방운동은 억압과 편견을 가진 사람들과 한판 승부하기 위한 게임이 아니라 스스로의 삶을 통해 이들과 공감대를 넓혀나가기 위한 자조 공동체가 아닐까 한다. 그리고 억압과 편견을 가진 사람들을 '설득'하기 이전에 그들에 대해 '공감'을 하는 작업이 더 중요하다고 생각하는데, 다시 말해 피억압자들뿐만 아니라 이들을 억압하는 사람들에 대해서도 공감하기가 중요하다는 뜻이다. 채식은 동물에 대한 공감에서 하는 것이지만 채식주의는 그 동물들을 먹고 억압하는 내 이웃들에 대한 공감 없이는 이루어질 수 없다.[44] 다행인지 불행인지, 살면서 동물억압에 공모해보지 않은 사람은 없다. 인류의 부족함에 대한 연민이 우리의 출발점이 될 수 있다면 채식주의는 모든 사회운동을 '무공해 운동'으로 업그레이드시킬 수 있는 계기가 될 수 있지 않을까 한다. 여기서 '무공해'라 함은 운동주체와 계몽대상을 분리시키지 않음으로써 작용과 반작용의 '공해'를 생산해내지 않는다는 것을 말한다. 왜냐하면 내가 경험하는 억압적 현실에는 항상 나의 도장이 찍혀있음을 기억해야 하기 때문이다.

Ⅲ
불교 수행자의 관점에서

— — — — — — — — —

5장 채식주의를 넘어서 채식하기*

지난 몇 년간 채식(육식)을 주제로 하는 논문들을 여기저기에서 볼 수 있었다. 대부분의 글들은 채식의 필요성에 대한 논의이거나 불교의 역사와 교리 속에서 채식의 문제를 어떻게 이해해야 하는지에 대한 논의로 채워져 있다. 그러나 정작 우리의 현실은 종립학교인 동국대에서조차 채식식단을 찾아볼 수 없는 실정이다.(이 글을 발표한 몇 달 후에 현재 동국대는 채식식당을 개장한 상태임을 밝힌다.) 한식과 양식 사이에서 선택할 수는 있어도, 육식과 채식 사이에서 선택할 자유는 제공되고 있지 않다. 불교를 장려하는 대학교라 할지라도 채식을 하나의 바람직한 선택으로 설정조차 하고 있지 않

* 이 글은 "채식주의를 넘어서 채식하기"라는 제목으로 『불교평론』 47호(만해사상실천선양회, 2011 여름)에 실렸다.

Ⅲ · 불교 수행자의 관점에서

다는 것은 현재 대부분의 불교계 인구가 채식을 하고 있지 않다는 점과도 무관하지 않을 것이다.[1]

그런 의미에서 나는 채식이라는 주제를 '학술적이지 않은' 방식으로도 이야기할 필요를 느낀다. 연구자가 자신을 최대한 연루시키지 않는 기존의 객관주의적(?) 방식으로 글을 쓴다면 채식문제에 관한 어떠한 논의도 추상적인 수준에서 머물게 될 우려가 있다고 보기 때문이다. 논의와 토론은 객관적인 지식을 위주로 하고 실천적인 고민은 각자 사적인 차원에서 할 것이 아니라, 이제는 사적인 고민 자체를 객관적인 토론으로 가져와보는 것이 어떨까 하는 게 나의 생각이다.

따라서 이 글에서는 우선, 나에게 채식이라는 것이 어떤 경험적인 맥락 속에 위치해 있는지, 그래서 나에게 채식은 무엇을 의미하는지에 대한 개인적인 이야기를 하고자 한다. 즉 본인의 개인적인 경험으로부터 이야기를 풀어봄으로써 그간의 추상적이기만 하던 논의의 차원을 좀 더 구체화해보고자 한다. 다음으로는 본인이 불교 수행자로서 채식의 문제를 내 삶에서 어떻게 자리매김하고 있는지를 드러내고자 한다. 역설적이게도 수행적 관점이 도리어 내게는 채식을 놓아버리게 만드는 효과가 있었는데, 이 과정에서 아직 진행 중인 고민들을 공유함으로써 토론의 장을 열고자 한다. 채식의 문제는 그 어떤 문제보다도 일상적 실천에 밀접한 것이어서 사회이론적 차원

뿐만 아니라 개개인의 사적인 삶의 차원에서 함께 고민되어야 한다고 보기 때문이다.

1. 나에게 채식은 무엇인가

우선 나는 육식생활을 35년이나 해온 후에야 채식을 진지하게 고려하게 되었다는 점에서 지극히 평범한 사람이며, 지난 10년간 채식인으로 살아왔지만 현재 시점에서 내가 실천하는 채식의 수준은 고기와 생선을 안 먹고 우유와 계란은 따로 사먹지 않지만, 국물이나 과자, 빵 등에 포함되어 있는 동물성 성분을 적극적으로 피하지 않는다는 점에서 매우 느슨한 채식이라고 할 수 있다. 또 경우에 따라서는 함께 식사하는 사람들을 위해 공동의 메뉴에 개입하지 않고 흐름을 따라가기도 한다. 어쩌면 지난 세월동안 채식을 실천하기 위한 노력보다는 채식에 대해 고민하고 글을 쓴 시간이 더 많았다고 할 수도 있다.

내가 채식을 시작한 계기는 대학원 수업에서 인간과 자연의 동반자적 관계에 대한 레포트를 준비하면서 몇 권의 책을 통해 가축제도의 억압성을 실감하면서부터였는데, 문득 파트너십이라는 개념이 너무나 가소로워짐을 느끼게 되었다. 인간과 가축의 관계는 말 그대로 주인과 노예의 관계인데, 여기에서 파트너십을 말한다는 것은 내

상식이 허락하질 않았기 때문이다. 동물들을 감옥에 가둬놓고 강제로 수정시키고(강간하고!) 새끼를 낳으면 빼앗고 다시 또 수정시키고, 새끼가 먹어야 할 젖을 빼앗고 이렇게 몇 번을 반복한 후에 – 즉 성장 호르몬을 통해서 암컷의 재생산 능력을 최대한도로 착취한 후에 – 마지막에는 도살장에 끌고 가 잔인하게 죽이는 일을 하면서 인간과 동물의 공생을 말한다는 게 과연 성립이 된다고 할 수 있을까. 현대식 가축제도는 이미 동물을 생명체로 보기를 포기한 수준에서 이루어지고 있음은 알 사람들은 다 알고 있다.

그동안 여성학을 공부하면서 남성중심주의와 가부장제를 비판적으로 바라보게 되었던 이유가 바로 '자신에게 편리한 만큼'의 민주주의만을 주장하는 관점의 모순이 보였기 때문이 아니었던가. 사회적 평등을 외치는 열혈 투사들조차 자신의 애인, 아내, 그리고 여성들에 대해서는 별개의 논리를 취하고, 사회적인 영역에서는 진보의 이름으로 변혁을 위한 모든 노력을 다 하면서도 사적인 영역에서는 생물학과 자연의 이름으로 남녀 간에 이중 잣대를 내미는 모습에 너무도 자주 분개하지 않았던가. 그런데 여성을 '최후의 식민지'로 표현하는 방식에조차 엄청난 인간중심주의가 자리 잡고 있음을 눈치챌 무렵, 나는 내가 도망갈 곳이 없음을 느꼈다.

처음으로 동물의 입장에서 특히 가축의 입장에서 세상을 보았을 때, 내가 살고 있는 이 현실이 어마어마한 학대와 학살을 딛고 선 것임을 알았다. 비유를 하자면, 내 부모와 조상들이 알고 보니 유태인 학살의 주범이었음을 새로 알게 된 것 같은 쇼크와도 같았고, 어쩌면 현재 일본의 역사 왜곡 때문에 아무것도 모르고 있던 일본의 어린이가 일제식민지에 관한 적나라한 실상을 알게 되었을 때 느낄 법한 감정과 같을 수도 있으리라. 평범하고 선량한(?) 줄로만 알았던 시민은 다만 인간이라는 종의 기득권에 편승하여 일상적으로 일어나는 학살에 눈을 감은 채 자신의 입맛에 충실하게 살아가는 비겁한 존재로 보이기 시작했다. 세뇌당했던 세월 속에서 그나마 직관적으로 느꼈던 불편함을 바로잡을 수 있다는 기쁨은 있었지만 말이다.

초등학교 시절에 특별감사 기간 동안 학교 선생님들이 주도를 해서 특정 교과목을 배우지도 않는데 마치 배우는 것처럼 하라고 학생들에게 지침을 내려주었을 때 느꼈던 혼란은 일종의 분열의 경험이 되었다. 그리고 이런 류의 크고 작은 분열들은 살면서 계속 발생하였고 누구나 그렇듯이 냉소적인 마음을 가다듬으며 흘려보내는 것을 우리는 사회적응이라고 부른다. 거짓말이 옳지 않다는 것을 직관적으로 느끼고 있는데 일부 선생님들이 그렇게 가르칠 때는 그나마 불만을 가질 수라도 있지만, 부엌과 밥상 위에서 일어나는 분열들은 의식 차원에서조차 어떻게 형용되기가 무척 힘들어진다. 고기 맛에 길들여진 내가 당사자가 되어버리기 때문이다.

나는 닭고기를 꽤 좋아했지만 닭다리를 먹으며 뼈와 심줄을 볼 때마다 사람의 몸도 이렇게 생긴 것일까를 궁금해 했다. 게도 맛있게 먹었지만 끓는 물에 살아있는 게를 넣어서 게가 움직이는 걸 볼 때, 저 게는 지금 무엇을 느낄까, 정말로 고통스러울까를 궁금해 했다. 생선 한 마리가 통째로 접시 위에 있을 때에는 생선의 벌어진 입에서 어떤 힘겨움이 느껴져서 그 생선의 눈과 마주치지 않기 위해 몸통 부분만을 보려고 노력했다. 하지만 그런 말을 하면 제지를 받았다. 내가 하는 말은 예의에 어긋나며 내가 하는 생각은 부적절하다는 메시지를 계속 받아야만 했다.

나이가 들어서도 분열은 계속되었다. 진보적인 단체였지만 고사를 지낼 때 진짜 돼지머리를 상 위에 올려놓았다. 처음으로 잘린 돼지머리를 가까이서 보았을 때 책과 그림에서만 보았던 프랑스대혁명의 단두대가 실감이 났다. 그리고 잘린 목 부분에 남아있는 심줄과 뭐가 뭔지 알 수 없는 여러 부위들을 보면서, 사람의 머리도 저렇게 생겼을까 궁금해 했다. 그때 행사를 준비하던 동료가 정색을 하며 그런 말은 하는 게 아니라고 딱 부러지게 말했다. 그때 처음으로 나는 내가 어떤 금기를 건드렸다는 것을 느낄 수 있었다. 보아도 본 척해서는 안 되는, 인간사회의 허용범위를 넘는 선이 있다는 사실을 알 수 있었다.

여름방학 때 호숫가에 놀러가서 낚시를 해볼 기회가 생겼을 때에도 분열은 일어났다. 남들은 물고기를 여럿 잡을 동안 나는 단 한 마리도 잡지 못했을 때, 어서 나도 빨리 한 마리가 걸려들었으면 하고 바라게 되었다. 미끼가 부족해지자 지렁이 하나를 반으로 잘라서 사용하기도 했다. 그리고 마침내 물고기가 걸려들었을 때의 기쁨이란. 그러나 내 기쁨은 잡힌 물고기와는 공유되지 않았다. 나는 낚시 바늘에 입이 찢어진 그 물고기가 무엇을 느낄까 궁금해 했는데, 그건 바로 속았다는 배신감과 '당했다'는 느낌이었을 거라 생각했다. 물고기가 걸려들기를 바랐던 내 마음은 문득 사기꾼의 마음이 되어버리는 듯하여 나의 즐거움은 온전해질 수가 없었다. 하지만 모든 것은 지극히 정상적인 레저 시스템과 정상적인 사람들과의 관계 속에서 이루어졌기 때문에 문제의식을 진전시키는 일이 거의 불가능했다. 마치 외국에 가서 새로운 문화를 배워야 했을 때, 나에게 판단할 권한은 없고 오로지 배워야 할 의무만 있었던 것과도 같이.

한번은 TV다큐에서 멸종위기에 처한 야생동물을 밀렵하는 제3세계의 가난한 사람들과의 싸움(?)을 벌이는 서구의 동물보호단체 사람들이, 일이 끝난 후에 저녁에 함께 바비큐를 먹는 모습을 보았을 때에도 나의 사고체계에는 분열이 반복되었다. 방금 전까지만 해도 특정 야생동물들을 살려내려는 그들의 애쓰는 마음에 동참했던 나로선 문득 동물로서 인정조차 받지 못한 바비큐로 탈바꿈한 가축의 입장에 대해 인식이 분열되는 것을 느꼈다. 정상적인 것으로 내 앞에 제시되는 상황들을 내가 정상적인 것으로 받아들여도 되는 건지를 판단하는 법을 배우는 것이 나에게 숙제처럼 주어졌던 것이다.

그것은 문화에 속해있으면서도 그 문화를 판단하는 일이다. 동물을 노예화시키는 가축제도의 패러다임은 나의 일부이기도 했으니까. 흥미롭게도 분명히 기억하건대, 나는 언젠가 돼지라는 동물에 대해 다음과 같은 생각을 했던 적이 있다. "털도 없고 온통 살만 쪄있는 저런 돼지들은 뭐하러 태어난 걸까? 인간에게 잡아먹혀서 고기를 제공하는 것 외에는 정말 아무런 존재이유가 없는 것 같은데……."

깊이 있는 사유를 할 수 없는 생명체나 특정 목적을 지향하지 않는 존재들이 나에겐 아무런 가치가 없게 느껴졌지만, 이런 논리 때문에 과거에 다수의 여성들이 무시당하지 않았던가. 최소한의 교육도 받지 않고 집안일만 해야 했던 여성들, 그 와중에 끊임없이 임신하고 출산하는 일을 반복한 채로 자신의 삶의 목적을 고민할 수조차 없었던 여성들을 보면서, 대부분의 남성 철학자들도 그런 유사한 생각을 했었을 것이다. 여성들은 합리성이 부족하고 감정적이며 본능에 충실하다는 류의 판단이 소위 '위대한' (남성) 철학가들에게서 종종 발견된다. 돼지가 더럽다고 하지만 자연 상태에서는 매우 깨끗한 동물이라고 한다. 어떤 인간인들 돼지우리에 살게 하면 그와 같지 않겠는가. 이것은 결과를 원인으로 착각하는 것이다.

우리가 오해를 하게 되는 가장 큰 이유는 이미지에 갇혀서 판단을 하기 때문이다. 소나 돼지들이 얼굴을 찌푸리며 괴로움을 호소하지 않기 때문이다. 움직일 수조차 없는 좁은 우리에 갇혀있는 돼지가 좁아서 답답하다고 난리를 피우지 않기 때문이다. 그냥 좁은 그 공간에 그대로 있다.[2] 고통은 비언어적인 방식으로 표현되기에 그네들은 몸이 아프고 쉽게 병에 걸린다. 그런데도 무지한 눈으로 언뜻 보면 그네들이 가축으로서 살아가는 것을 별 무리 없이 받아들이고 있는 것처럼 보인다. (마치 수천 년간 여성들은 원래 종속적인 위치에서 '자연스럽게' 살아왔다는 생각이 그러하듯이. 그러면서도 〈여자가 한을 품으면 오뉴월에도 서리가 내린다〉는 속담을 통해서 여성의 삶이 힘겨웠다는 사실을 다수가 인식하고는 있었다.) 그래서 우리는 그들이 가축이기 때문에 가축으로서 살아가는 거라고 믿게 된다.

하지만 이것만으로는 우리의 직관적인 앎이 잠잠해질 수 없기 때문에 우리는 더욱더 적극적인 이미지를 필요로 한다. 소와 돼지가 행복하다고 말하는 듯한, 웃는 얼굴을 하기를 바란다. 소고기집에 있는 소들의 이미지는 얼마나 여유롭고 행복한가. 삼겹살집의 돼지 이미지는 귀엽고 신나 보인다. 치킨집의 닭은 만화캐릭터처럼 쾌활하다. 프랑스의 어떤 치즈 상표는 La vache qui rit(웃고 있는 암소)이다. 행복한 소의 이미지만으로도 부족해서 아예 소가 웃는다고 소비자에게 직접 말해(세뇌해)주기까지 하는 것이다. 이쯤 되면 소비자의 입장에서는 어느 정도 안심이 된다. 마음의 분열을 가라앉힐 수 있게 되고, 마음 한구석에서 자리 잡고 있던 의문과 불편함들은 보이지 않는 잠재의식의 창고로 떠밀려 내려간다.

사실 고기를 먹으면서 이 고기가 어떤 동물의 살이라는 사실은 누구나 알고 있다. 소의 살인지, 돼지의 살인지, 닭의 살인지 너무나 잘 알고 있다. 하지만 그 앎은 너무나 추상적이다. 이름도 없는 소이니 그 존재를 느낄 수 없을 뿐더러 그 소는 우리에게 우호적이기까지 하다. 안심하고 자기를 먹어도 된다며 우리를 격려하고 있는 듯하다.

그런데 가장 놀라운 것은 가축들이 고기가 되기 위해서는 죽어야 한다는 것을 누구나 알고 있지만 이 앎 역시도 어찌나 추상화되었는지, 죽음조차도 고기 생산과정에서의 하나의 모멘텀에 불과하게 되었다는 사실이다. 나 역시도 과거에 우리가 고기를 먹기 위해 가축들을 죽이는 것은 어쩔 수 없으니, 다만 고통 없이 빨리 죽게 되면 문제가 없다고 생각했었고 이것이 다수의 육식자들이 은연중에 갖고 있는 생각이다. 나는 도살장 내부의 상황을 상상해본 적도 없었지만 기계작동에 의해 짧은 순간에 일이 처리되는 걸로 알고 있었다. 현대화된 자동처리 시스템을 상상하면서 도살의 장면을 쉽게 추상화시킬 수 있었다.

그러나 추상적인 상상의 어리석음은 몇 개의 동영상과 몇 권의 책으로 여지없이 무너졌다. 가장 기가 막힌 것은, 동물들이 아무런 저항 없이 순순히 일렬로 서서 차례대로 죽음을 맞이할 거라는 생각이 얼마나 어리석은지를, 왜 한 번도 생각해보지 못했느냐는 점이다. 더욱더 흥미로운 것은 〈도살장에 끌려가는 소처럼〉이라는 표현이 일종의 관용어로써 쉽게 사용되고 있다는 사실이다. 유치원에 가기 싫어하는 아이를 그런 식으로 재미있게 표현하곤 하는데, 나 역시 아무 생각 없이 이런 표현을 사용했던 적이 많다. 도살장에 끌려가는 소를 본 적도 없지만, 이런 상황을 희화화했다는 점에서 자기모순이 극명해진다. 그 표현 속에는 소가 정말로 가기 싫어한다는 의미가 포함되어 있는데도 그 표현을 사용했던 나는 실제의 소들은 순순히 도살장으로 일렬로 서서 얌전하게 들어가는 줄로만 믿고 싶었기 때문이다.

수많은 이미지와 상징을 통해서 가축들이 우리를 위해 스스로 고기가 되어주는 것에 마치 동의를 해주기라도 한 것처럼 수천 번, 수만 번을 세뇌당했으니 그런 바보 같은 생각을 했다는 것이 당연하기는 하다. 우리가 접하는 모든 이미지 속에 강제나 폭력은 없었고, 행복하고 즐거운 가축들의 표정만 가득했다. 고기를 먹어서 즐거운 인간의 행복감을 그네들이 똑같이 공유하고 대변하는 것처럼 보였으니 말이다. 고기에 대한 광고는 고기 판매자가 아닌 고기의 당사자인 동물이 직접 하는 방식으로 되어 있는데, 여기에 자주 노출된 나(소비자)는 그 이미지의 영향으로 동물들이 충분히 동의한 상태에서 얌전히 안락사를 당했을 걸로 생각해버린 것이다. 세뇌를 당하면 이처럼 상식적인 수준에서의 판단력도 흐려지는 것이다. 하지만 사실

을 말하면 도살장은 피비린내 나는 생지옥이다.[3]

　죽음을 받아들이는 것의 어려움은 지혜가 부족한 존재일수록 커지게 마련이다. 그리고 지혜가 부족할수록 맹목적인 두려움은 공포가 된다. 지혜의 부족으로 공포에 빠진 사람을 진정시키는 것이 어렵듯이, 오직 살겠다고 몸부림을 치는 동물들에게 무슨 수로 안락사를 시킨단 말인가. 제어기로 나아가지 않으려는 동물이나, 전기봉으로 치면서 그 동물을 기계를 향해 나아가게 하려는 작업자나 괴로운 것은 마찬가지일 것이다. 그런 일을 해야 하는 사람들이 당하는 고통에 대해서는 사회가 외면하는 방식으로 대응해왔다는 것은 잘 알려진 사실이다. 백정과 사형수를 참수시키는 일을 했던 망나니들은 예로부터 천시되었고 심지어는 현대에 이르기까지 일반 사회와 격리되기도 한다.[4] 적군의 목을 많이 베어온 장수는 숭상을 받는 반면에 백정은 왜 경멸을 받아야만 했을까. 전쟁과 싸움에서 이기는 것은 용기의 차원이지만, 제도의 심부름꾼으로서 누군가를 일방적으로 처형하는 것은 용서받기 어려운 폭력이라는 사실을 느끼기 때문이 아닐까.

　우리가 손에 피 한 방울 묻히지 않고 고깃덩어리를 얻어서 우아하게 식사를 할 수 있게 해준 사람들에 대해 왜 사회는 그 수고로움에 고마움을 표현하지 못하는 것일까. 게다가 우리의 건강(?)을 위해 죽음으로써 희생해준 동물들에게 왜 우리는 최소한의 고마움이나 묵념을 하지 못하는 것일까. 전쟁기념관에서는 전쟁의 참혹한 실상을 공개하는 것과는 달리 도살장의 실상은 철저하게 대중에게 은폐되어 있다. 죽어서 고기가 되어준 동물, 그리고 우리 대신 그 동물을 죽여준 도축업 노동자들에게 사회는 어떠한 고마움도 표현하지 않는다. 따라서 우리는 고기를 먹을 때에도 아무 생각 없이 먹을 뿐이다. 육질이 질기네 부드럽네 등의 말은 할지언정, 이 소가, 이 돼지가 나를 위해 희생되었다는 최소한의 인정을 하지 못하는 것이다. 행여나 '고귀한 희생'이라는 언급을 했다가는 함께 식사하는 사람들로부터 웃음거리가 될 뿐이다.

　가축제도로 대표되는 동물매매와 여성을 착취하는 성매매는 근본적으로 유사한 맥락에 놓여있다. 살아있는 존재를 재산, 자원, 도구로 간주하는 관점의 가장 극단적인 형태가 가축제도라면, 노예제와 성매매는 그것의 인간버전 모방에 지나지 않는다. 모든 존재는 저마다의 개성과 인격이 있으나 포르노와 같은 성의 상품화는 익명성을 특징으로 하며 나아가 특정 신체부위를 선택적으로 소비할 수 있도록 하는 구조를 지향한다는 점에서 정육점의 세계관을 공유하고 있다. 특히 성을 구매하는 남성일수록 여성에 대한 존중감이 떨어진다는 사실과, 고기를 즐겨먹는 사람일수록 가축에 대한 비하심리를 갖는다는 사실은 시사하는 바가 있다.

　일반적으로 자신의 욕망을 충족시켜주는 사람에 대해서는 고마움을 느끼게 되는 법인데, 상품화된 성에 대한 욕망과 고기에 대한 욕망의 경우에는 그렇지가 못하다. 그 이유는 자신의 욕망을 스스로 온전히 정당화할 수 없기 때문이다. 매춘 여성에 대한 비하는 사실상 성을 구매하는 남성들이 스스로의 욕망에 대해 갖는 비하하는 마음을 상대방에게로 투사한 것에 불과하다. 성매매에 있어서 만큼이나 자기기만의 메커니즘이 순진하게 드러나는 사례는 없을 것이다. 성을 사는 다수의 남성들은 '보통의' 선량한 일반시민이지만 성을 파는 여성들은 낙인찍힌 불량한 집단으로 인식되고 있다. 그런데 유사하게도 고기를 구매하는 소비자들도 선량한 일반시민인 반면에 고기를 생산하는 집단, 즉 도축을 통해 동물을 고기로 전환시켜주는 도축업자들은 가장 천한 집단의 대접을 받아왔다.

이러한 이중규범에서 나타나는 사실은 성매매와 동물매매가 인간사회에서 실제로 순리에 따르는 자연스러운 행위가 아니라는 점이다. 육식하는 인간사회는 육식을 지극히 정상적이고 순리에 따르는 행위라고 문화적으로 장식하였음에도 불구하고 거기에는 아무런 내적 균형과 안정성이 없다. 육식문화가 도살장의 내부를 공개하지 않고, 그 안에서 일어나는 일들을 당당하게 문화의 영역으로 끌어올릴 수 없다는 사실만 보더라도 우리는 현대의 육식문화가 스스로에게 부정직한 문화임을 알 수 있다.

스스로에게 정직하지 못한 집단의식은 육식의 진실이 '순리'가 아닌 '폭력'임을 스스로 알고 있다. 인간의 문화는 동물적인 약육강식의 흐름에서 벗어나는 것을 통해 윤리의 바탕을 마련하였고 이러한 윤리야말로 인간을 동물과 구별시켜주는 기준이 되지만, 육식문화는 인간을 동물의 연속선상에 놓이게 함으로써 애써 올라간 차원을 다시 떨어뜨리는 중력 작용과도 같다. 예를 들어, 동물세계에서 '뺑소니'는 존재하지 않는다. 코끼리가 뛰어가다가 실수로 토끼를 밟아서 반쯤 죽였다고 해서 '그냥 갈까 아니면 토끼를 치료해줄까'와 같은 딜레마는 성립이 되지 않는다. 하지만 인간세상에서는 자동차로 사람을 치었으면 그것이 실수라 할지라도 그냥 가는 것은 '뺑소니'로 여겨진다. 그냥 가서는 안 된다는 사실을 집단의식이 공유하고 있기 때문에 그것이 기준이 되어 뺑소니라는 개념이 형성된 것이다. 무언가를 은폐한다는 것은 이미 그것이 나에게는 '빗나가는 행동'임을 뜻하듯이, 고기와 관련된 진실이 대다수의 소비자에게 물리적으로, 정신적으로 은폐되고 있다는 사실은 우리가 지금 이대로의 관행을 따르지 말고 변화할 필요가 있음을 증명해주는 것이 아닐까.

축산업이 환경에 미치는 파괴적인 영향[5], 육식으로 인한 수많은 질병들[6]을 논외로 하더라도 채식을 선택하는 일은 나에게 가장 기초적인 의미에서의 정신적 온전성을 회복하는 일을 의미한다. 나는 고기를 먹기 위해 동물을 직접 죽이고자 하는 마음이 없다는 사실,

그리고 그 동물이 동의하지 않았다는 것을 내가 안다는 사실만으로도 육식은 나에게 선택 가능한 행위가 아니라는 결론이 나온다. 고기를 안 먹으면서도 건강하게 잘 살 수 있다는 사실은 보너스로 주어지는 다행스러운 일일 뿐이다.[7]

2. 불교는 나의 채식에 무엇인가

위와 같은 경험적인 맥락 속에서 나는 채식을 선택하게 되었지만, 그것을 실천하는 일은 많은 어려움과 부자연스러운(?) 긴장의 연속이었다. 습관과 문화를 거스르는 생활이 늘 그러하듯이, 채식주의자가 되는 일은 웬만한 사회운동에 동참하는 일보다 더 어려울 수도 있다. 가부장적인 습관에 젖어있는 남성이 페미니스트가 되는 일이 얼마나 어려운지를 그제서야 실감할 수 있는 기회이기도 했는데, 몸에 밴 습관 중에서도 먹는 습관은 존재의 근간을 구성하고 있다는 점에서 어쩌면 더 고난이도의 실천이 아닐까 싶다. 처음의 몇 년간은 아이스크림류를 제외하고는 거의 일체의 동물성 식품을 섭취하지 않는 생활을 했던 것 같다. 그런데 역설적이게도 불교가 나로 하여금 엄격한 채식지향성을 풀어버리게 했다. 깨달음을 추구하는 수행자로서 내가 만난 몇 분의 스승들이 나의 채식을 옹호해주기는커녕 고기를 먹으라고 직간접적으로 권했기 때문이다.

내 여생에 다시는 고기를 먹지 않기로 비장하게 결심했던 나에게 스승의 말에 따르는 일은 하나의 도전이었다. 부모님의 권유나 주변사람들의 유혹에도 끄덕하지 않았던 나였지만 깨달음의 스승의 경우는 다를 수밖에 없었다. 일체의 상에 걸리지 않아야 한다는 차원에서 볼 때 스승의 지적은 나의 집착을 자각할 수 있게 해주었다. 실제로, 아주 오랜만에 고기 한 점을 먹었을 때의 느낌은 마치 범죄자가 되는 기분과도 같았으니까. 그런데 내가 걸림이 없다는 것을 증명해보이고자 기꺼이 내가 스스로에게 부여했던 '계율'을 깼지만, 고기 먹는 것에 대해 아무런 문제의식을 갖지 않는 다수의 수행자들과 스승이 못마땅하게 여겨지는 형식으로써 나의 '걸림'은 계속되었다.

수행자 집단에서 모두가 기존의 방식대로 육식을 할 때 '나 홀로' 채식을 고집하는 것은 두 가지 면에서 불편하게 느껴졌다. 첫째로, 스승의 용인하에 모두가 육식을 하는데 내가 스승의 권위에 도전하고 〈나만의 올바름〉을 붙잡고 있는 격이라는 점에서, 둘째로, 그 결과 나는 채식하지 않는 그들을 간접적으로 비난하게 된다는 점에서 그랬다. 이후로 오랫동안 나는 대체로 채식을 하다가도 수행자 모임 속에서는 함께 육식을 하는 융통성(?)을 발휘하게 되었는데, 이러한 경향이 다른 관계 속에서도 점점 확장되어 갔다. 그러다보니 비록 개인적으로는 채식 위주의 식생활을 하고는 있지만 사회적 실천으로서의 채식주의를 더 이상 지향하지 않게 되었다. 이 과정에서 스스로 성찰하게 되었던 생각들을 정리해보면 대략 다음과 같다.

1) 올바름에서 용서로(죄의식에서 책임의식으로)

시간이 흐른 후에 알게 된 것은 '융통성을 발휘'하는 것이 곧 이념에 대한 집착에서 벗어나는 일은 아니라는 사실이다. 왜냐하면 그것은 비유하자면 깨끗한 사람이 경우에 따라서 더러운 사람들과 함께 더럽게 놀아준다는 의미를 내포하기 때문이다. 육식이 옳지 않다는 관점에서 다른 사람들의 육식을 못마땅하게 생각하는 마음이 있는 한 그것은 채식주의라는 이념을 반쯤 투명하게 만든 것에 불과하며 나의 융통성도 은폐된 우월감에 불과하다. 중요한 것은 모든 이념과 올바름이 실체로서 기능할 때에는 필연적으로 비난과 죄의식이 발생한다는 사실인데, 이 문제를 정말로 해결하기 위해서는 이념에 대한 집착을 놓아버리려고 하기보다는 그 이념의 토대가 되었던 자신의 죄의식을 놓아버려야 한다는 것이다.

나와 내가 속한 집단이 행한 잘못을 스스로 용서하지 못한다면 나의 죄의식은 외부로 투사되어 타인들을 비난하는 방식으로 작동하게 마련이다. 즉 육식의 억압성을 열렬히 고발하고자 하는 마음은 자기가 스스로에 대해서 느끼는 (과거의) 잘못을 외부로 투사함으로써 죄책감을 덜고자 하는 마음임을 알아야 한다. 누군가의 잘못을 고발하겠다는 마음은 다른 말로 하면, 내가 유사한 피해를 당했을 때엔 원망하고 용서하지 않겠다는 마음이 겉옷만 뒤집어져 표현된 것이기 때문이다. 육식하는 사람들에 대해 비난하고픈 마음이 남아 있는 한 그것은 내가 나의 과거에 육식했던 잘못을 아직도 비난하고 있다는 뜻이다. 과거의 자신의 어리석었던 모습을 용서하지 못하고 붙잡고 있는 한 그것은 올바름에 대한 실체화이고 과거에 대한 집착으로서의 이념이 된다. 그리고 과거와 싸우고 있는 한 미래에 대한 창조는 가능하지 않다. 과거에 대한 죄의식에서 벗어나야 미래를 창조할 수 있는 책임의식이 생기는 법이다.

2) '나는 피해받은 적이 없다'

자신의 과거 잘못을 용서한다는 것은 피해자의 입장에서 용서할 수 있다는 뜻이다. 즉 가해자로서의 죄의식이 사라질 수 있는 것은 입장을 바꾸어 피해자로서 생각했을 때에도 용서하는 마음을 낼 수 있을 때이다. 그런데 피해자가 용서를 한다는 것은 '피해받은 적이 없기' 때문에 용서할 게 없다는 사실을 인정했을 때에만 성립이 된다. 피해받은 적이 없다는 것은 일체가 내 업식의 작용이자 내 한마음의 나툼이라고 볼 때 가능한 관점이다.

피해받은 적이 없기 때문에 용서할 게 없는 사람은 비난할 게 없고, 비난할 게 없을 때에 비로소 순수하게 보살행을 할 수 있을 것이다. 그러나 비난할 게 남아있다면 그것은 보살행의 탈을 쓴 개인적인 화풀이가 될 것이다. 대부분의 사회운동이 실패하는 지점이 바로 이 대목이 아닐까 싶다. 명분이 그럴싸해도 깊이 들어가 보면 다른 사람들이나 특정 집단의 피해의식에 공감하는 작용일 때가 많기 때문이다.

그런데 공감은 언제나 에고의 공감이다. 에고는 편파적이기 때문에 에고의 공감도 언제나 편파적이다. 뉴스를 보며 우리가 흘리는 눈물이 지극히 편파적이듯이, 다른 존재들을 위해 흘리는 나의 눈물이 나의 에고를 확장하고 강화시켜주는 것은 아닌지를 살펴보아야 한다. 더 나아가, 실상에 있어서는 피해받은 적이 없는 존재들을 피해자로 규정함으로써 거기에 묶이게 만드는 작용을 하는 것은 아닌지도 보아야 한다. 즉, 공성을 관하는 반야바라밀에 기반하지 않은 공감작용은 가해자와 피해자의 게임에 더 깊숙이 빠져드는 것일 수도 있다는 뜻이다.

즉 (진리의 관점에서 보면) 나는 피해받은 적이 없기 때문에 → (마찬가지로) 너는 피해받은 적이 없으므로 → 나는 잘못을 행한 적이 없으며, 내가 잘못한 적이 없기 때문에 → 나의 과거를 용서할 수 있으므로 → 지금의 너를 용서할 수 있다. 이와 같은 맥락 속에서만이 다른 사람들의 잘못의 공성을 관할 수 있게 된다. 채식주의라는 이념을 넘어설 수 있는 것은 바로 이러한 맥락에서만 가능하다고 본다.

3) 용서할 수 없다면 참회를 하자

그러나 여전히 '내가' 있고 '나의 피해'가 실체로서 있다고 믿으며 살고 있다면 '타자'도 있고 '타자의 피해'도 실체로서 존재할 수밖에 없다. 그러니 이때에는 실체로서 존재하는 죄악을 없애기 위한 참회가 필요하다. 즉 업이 공하다는 '제일의제' 차원에서 자유를 깨달아야 하지만 그렇지 못하다면 '세속제' 차원에서 업을 지은 자가 업을 회수해야 하지 않겠는가. 그런 의미에서 수행을 열심히 하고 정말로 정진하는 자에게는 육식이라는 살생문제에 연연해 할 필요가 없을 지도 모르지만, 그렇지 못한 사람에게는 먹는 고기마다 카르마로 쌓일 수밖에 없지 않을까 싶다. 그런데 내가 먹은 고기들을 누가 천도 시켜 줄 것인가. 내가 먹은 고기와 나는 분리될 수 없는데, 내 스스로 참회를 하는 수밖에 없으며, 참회하면서 계속 고기를 먹는 것은 밑 빠진 독에 물 붓는 일이 될 것이다. 즉 아무런 공덕이 없다는 뜻이다.

4) 섣부른 자기합리화에 속지 말아야 한다

언젠가 구내식당에서 내 앞에 놓인 생선 한 마리를 남겨놓고 평소처럼 그대로 퇴식구에 넣으려고 생각하다가 문득 그 물고기가 그대로 쓰레기통에 들어갈 생각을 하니, 그의 죽음이 너무나 헛되게 마무리되는 것 같아서 나와의 인연을 통해서라도 보다 좋은 환생을 얻기를 바라며 먹은 적이 있었다. 의도하지 않게 우러나온 순수한 마음이었던 것은 사실이지만, 이러한 마음이 자칫하면 관성적인 자기합리화가 될 위험은 얼마든지 있다.

도가 높은 부처님께 몸을 보시하게 된 동물이라면 그 인연은 소중한 것이라 할 수 있고, 그 죽음조차 불행 중 다행이라고 할 수도 있을 것이다. 그러나 우리가 고기를 쉽게 먹으면서 그 동물들을 건진다고 말하려면 각자 자신의 양심에 손을 얹고 솔직해지기만 해도 좋을 것이다. 너(동물)가 나(인간)에게 먹힌다는 것만으로도 너에게 이득이 된다거나, 내가 천도하는 마음으로 먹으니까 괜찮다는 생각이들 때, 과연 그 동물이 뭐라고 대답을 하는지를 마음으로 들어보면서 자기 생각의 진실성을 잘 생각해보아야 할 것이다. 왜냐하면 모든 식민자의 생각도 그와 유사했다는 사실을 염두에 두어야 하기 때문이다. 예컨대 일제식민지 덕분에 조선이 근대화되었다고 하면서 일본이 도리어 은혜를 베풀었다는 관점을 표현하는 일본의 우익세력에게서 느낄 수 있는 논리와 매우 유사하다.

입장을 바꾸어서 내가 부처님에게 기꺼이 나를 보시할 수 있을 때에만 그 생각은 진실한 것이 될 뿐만 아니라, 어쩔 수 없는 차선책이 아닌 경우에는 어떠한 경우에도 진실할 가능성이 희박하다고 보아야 한다. 피치 못할 사정이 있어 살생(육식)을 하게 된 사람이 간절하게 상대를 천도하는 마음을 내는 것과, 순전히 입맛 때문에 끼니마다 고기를 먹는 사람이 그 고기를 천도시킨다는 논리에 기대어 자기합리화를 하는 것은 구별되어야 한다. 수행의 목적이 나를 버리는 데에 있음을 망각하다 보면, 나를 세우는 습이 작동하여 자기도 모르게 자신에게 이로운 것을 자꾸만 논리화하는 경향이 생김을 알아차려야 한다.

5) 권위에 의존하는 편리함의 유혹

불교와 채식의 쉽고도 어려운 관계는 특히 권위에의 의존문제와 관계가 있다. 부처님 당시에는 걸식하는 출가자들이 전적으로 채식했다고 할 수 없으며 경전상에서는 삼정육과 같은 개념이 등장하기도 한다. 반면에 대승불교 경전들에서는 육식이 자비의 종자를 끊는 것으로 설명되면서 채식에 대해 매우 단호하고도 엄격한 관점이 드러나 있다.

불교신자라면 당연히 부처님의 말씀을 삶의 기준으로 삼고자 한다. 그러나 불교에서 채식을 어떻게 이해하는지에 대해 이해하고 받아들이는 것은 결국 각자의 몫이다. '삼정육'[8]에 대한 논의나 중도에 대한 언급을 통해 '적당히' 먹어도 된다는 결론을 내리기에 앞서, 이러한 결론을 내는 마음의 타율성을 잘 살펴볼 필요가 있다. 심지어는 자신의 스승이 혹은 큰스님께서 고기를 먹어도 된다고 말씀하셨다는 것에 근거해서, 혹은 스님들도 다 먹더라는 식의 논리에 근거해서 자신의 육식을 정당화하는 것은 자기 자신에게 정직해지는 데에 실패한 것이라 볼 수 있다. 왜냐하면 모든 스승들이 공통적으로 강조하는 것은 공성의 가르침인데, 받아들이는 사람이 그 가르침을 무슨 면허증 정도로 실체화하는 경향이 있기 때문이다. 선과 악이 모두 공하다는 성찰은 악을 행해도 된다는 허가를 의미하는 것은 아니지 않은가.

이러한 경향은 낙태문제에서도 유사하게 드러난다고 보인다. 죄업을 절대시하는 (것처럼 보이는) 기독교에 비해, 공성을 기반으로 해서 〈절대로 안 된다〉의 담론이 약한 불교적 세계관에서는 상대적으로 낙태반대의 목소리가 잘 나타나지 않는 편이다. 그러나 그 결과로 불교 인구에서 더 많은 낙태가 이루어지고 있다. 불교계 인구에게서 불살생의 정신이 오히려 더 약화된 것은 가르침의 문제가 아니라 그것을 받아들이는 이들이 자기 편한대로 가르침을 이용한 결과이다.

예를 들어 어떤 큰스님께서 〈낙태는 절대로 안 된다〉고 말씀하시지는 않았다고 하더라도 〈되도록이면 낙태를 하지 말라〉고 했다고 치자. 이 말의 의미는 정말 어쩔 수 없이 낙태의 상황에 직면한 힘든 사람들에게 죄의식에 빠지기보다는 반야줄을 붙들고 열심히 수행하기를 바라는 마음에서 하는 말이다. 이 말을 듣고서 '아, 낙태를 금지하지 않았으니 기회만 되면 낙태를 해도 되는구나!'라고 이해하는 사람은 없을 것이다. 그런데 되도록이면 고기를 먹지 말고 채식을 하는 것이 더 바람직하다는 불교적 상식에 대해서는 마치 수입 밀보다는 우리 밀을 먹는 것이 낫다는 수준에서 가볍게 이해하는 경향이 있다.

6) 살생의 카르마는 누구의 것인가?

'나를 위해 죽이지 않은 고기'라는 개념은 가축을 직접 죽여서 먹는 사회적 배경 속에서 인과의 간접성을 전제로 타협을 한 차선책으로서의 의미를 갖는다. 그러나 현시대의 도축장에서 나온 고기는 소비자를 위해 죽인 고기이지, 어떤 특별한 귀족들을 위한 것이 아니다. 제도화된 폭력에 편승하여 익명의 소비자로서 면죄부를 받을 수 있다고 생각할 수는 있지만, 내가 먹으면 그것이 곧 나를 위해 죽인 고기가 된다는 사실은 부인될 수 없다. 또 그것은 사창가의 여자가 나를 위해 인신매매된 게 아니라는 이유만으로 그 여자를 사서 이용하는 데에 아무런 걸림이 없다는 논리와 다를 바가 없다. 〈알고 지은 죄는 알면서 받고, 모르고 지은 죄는 모르면서 받는다〉고 하는데, '모르는 척'하고 지은 죄는 어떤 식으로 받는 것일까. 적어도 받지 않는다고 할 수는 없을 것이다.

도살장에서 직접 동물들을 비인도적으로 죽이는 역할을 해야 하는 사람들이 경험하는 고통은 만만치 않다. 그것을 단순히 그들의

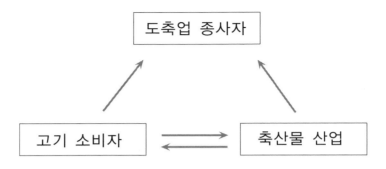

〈그림〉 살생 카르마의 흐름도

카르마라고 할 수 있을까. 사실 소비자와 산업의 관계는 상호적이며 경우에 따라서는 이윤을 위해 육류산업이 소비자로 하여금 고기를 소비하도록 부추기는 측면이 분명히 있다. 그러나 그 어떤 산업도 소비자가 줄어들면 사양길로 들어서게 마련이라는 점에서 소비자의 힘은 일차적이라고 할 수 있다. 반면에 어떤 경우에도 '도축업 종사자가 있기 때문에 고기 먹는 사람과 고기 파는 사람이 있다'고 말할 수는 없다. 도축업 종사자는 원인이 아니라 결과로서, 직접적인 살생의 카르마를 짓도록 내몰린 약자이기도 하다. 우리는 선택할 수 있다. 동물살생의 카르마가 도축업 종사자만의 카르마이기를 믿기로 선택하거나, 아니면 그 모든 과정이 바로 나의 카르마임을 인정하기로 선택할 수 있다.

　참고로 '나를 위해 죽이지 않은 고기'라는 생각을 유지하려면 〈축산업자가 자신의 이윤을 위해 죽인 고기〉라는 생각에 의지하거나,

채식주의를 넘어서

◆
◆
◆

144

〈도살업자가 자신의 생계 혹은 폭력성(?)을 해소하기 위해 죽인 고기〉라는 생각을 만들어내야 할 것이다.

7) 동기의 순수함

정말로 진지한 수행자들 중에는 대체로 채식을 했던 시절을 경험해보지 않은 경우는 드물다고 보인다. 그러나 추상화된 앎에서 이루어지는 육식만큼이나, 추상화된 앎에 기반한 채식은 여전히 이기적인 실천이 될 수 있다. 나의 수행을 위해, 나의 선업을 위해, 나의 맑은 기운을 위해서만 행하는 채식에는 한계가 있다. 그것은 두려움에 기반한 자기보호의 마음이기에 취약하다. 아울러 거기에는 계산된 선심과 둘로 보는 마음이 있기 때문에 무주상보시의 공덕이 없다. 고아원의 아이들에게 많은 선물을 주는 것은 그 아이들이 바로 내 아이들임을 한번 인정하는 것만 못하다. 이기적인 목적에서 하는 채식은 쉽게 지치고 쉽게 포기되지만, 동물의 고통을 나의 고통으로 느끼는 마음에서 하는 채식은 포기되는 경우가 드물다고 본다. 가는 식당마다 도무지 먹을 수 있는 게 없어서 지치는 마음이라 해도, 가축으로 태어나서 죽는 것을 되풀이하는 것이 더 지치는 것임을 알기 때문이다. 이기적인 마음보다 사랑하는 마음은 언제나 더 여유롭고 강하다.

8) 사랑에는 기준과 경계가 없다

정치적 올바름의 개념만큼이나 수행적 올바름의 개념을 설정하는 것은 교조주의로 빠지게 만든다. 동물들을 존중하는 일에 있어 채식은 빙산의 일각에 불과할지도 모른다. 가죽제품, 동물실험을 거치는 화장품과 의약품의 이용, 토지개발로 인한 생태계의 파괴 등과 같은 종합적인 현실 앞에서 채식은 작은 실천에 불과하다. 이만하면 됐다라고 할 수 있는 실천의 기준이라는 것은 존재하지 않는다. 왜냐하면 궁극적으로는 일체가 나 아님이 없기 때문이다. 나의 경험대상 전체가 나와 불이(不二)의 관계일진대, 사랑의 대상은 범위를 설정할 수 있는 것이 아닐 것이다. 따라서 경직되고 닫힌 마음으로 채식하는 사람보다는 자비로운 마음으로 육식하는 사람이 낫다고 볼 수도 있으리라. 다만 자비의 흐름은 종의 경계에 머무르지 않는다는 점을 자각할 필요가 있다는 것이다.

3. 채식주의를 넘어선다는 것은 무엇일까?

그러나 위와 같은 많은 성찰에도 불구하고 현실적으로 남아있는 고민이 있다. 이념으로서의 채식주의라는 사회운동이 여타의 다른 사회운동처럼 이분법적인 도덕관념을 생산하게 하는 것은 지양해야겠지만, 개인 수행 차원에서의 '걸림 없는' 채식과 사회적 실천

차원에서의 철저한 채식이 미치는 영향에는 차이가 있다고 보인다. 예컨대 자비로운 마음으로 채식하며 주변의 육식하는 사람들과 걸림 없이 조화롭게 지내는 스님들 100명이 생활하는 곳에서보다는, 철저한 채식을 하며 사회적 실천 차원에서 채식주의를 전파하고 경우에 따라서는 싸움도 마다하지 않는 한 사람의 채식주의자가 있는 곳에서 결과적으로 더 눈에 띄는 변화가 일어나기 때문이다. 쉽게 말해 동국대가 아닌 서울대에서 먼저 채식식당이 생겨났다는 사실이다. 그리고 채식식당이 생김으로 인해 날마다 수백 명의 사람들이 채식을 경험하게 되는 것의 긍정적인 효과는 결코 작은 것이 아니다.

지난 세월을 돌이켜보면 나에게 불교적 수행은 내가 가져왔던 모든 이즘(-ism)들을 무력화시키는 효과를 가져다준 측면이 없지 않다. 부정적인 고정관념 외에도 긍정적인 고정관념에 대해서도 집착하지 않을 수 있게 된 것은 중요한 발전이었다. 특정 정당에 대한 반감이 사라지고 심지어는 가부장적인 제도와 소위 '꼴통 보수주의자들'에 대한 적개심도 거의 다 사라졌으니까 말이다. 하지만 이러한 변화가 정치적인 무관심이나 사회적 책임에 대한 무감각으로 이어진다면, 그것은 마치 무아(無我)의 가르침을 배우기 위해 무기공(無記空)에 빠지는 것만큼이나 또 다른 오류가 될 것이다.

채식주의라는 이념에서 벗어난다는 것은 다시 적당히 육식을 하는 것을 의미하는 것은 아닐 것이다. 이분법적이고 대립적인 마음 없이 채식을 한다는 것을 의미할 것이다. 내가 투쟁의 대상으로 삼았었던 가부장제와 더 이상 '싸우지' 않는 것은 그것이 외부의 적이 아니라 내 마음의 한 부분임을 깨달았기 때문이다. 내가 싫어하고 밀어냈던 그 모든 위계적이고 권위주의적인 시스템들은 이미 내 안에 존재하지만 내가 그것을 알아차리지 못하고 부인했던 것들이다. 즉 내가 싫어하는 세상은 내가 싫어하는 나의 잠재의식에 불과했던 것이다. 그것과 다시 통합적으로 하나가 되기 위해서는 내가 나의 권위주의와 위계주의를 용서해야만 했다.

마찬가지로 우리가 육식문화의 폭력성과 기만성을 '폭로'하고 '고발'하는 수준의 채식주의에서 벗어나기 위해서는 우리 안에 그 모든 특성들이 있음을 성찰하고 스스로를 용서하는 작업이 요구된다. 진실을 직면하고 용서하는 과정이 생략된다면 그것은 겉으로는 진일보하게 된 것 같아도 단지 힘으로 상대를 제압한 사람의 불안한 승리에 불과할 뿐이다. 그래서 결국은 내가 이 세상의 모든 살생과 폭력을 〈나의〉 잘못으로 보며 철저하게 참회를 했을 때라야 비로소 나의 채식은 채식주의에서 벗어날 수 있을 것이다.

이 세상은 나의 지난 잘못들을 방영해주는 TV 거울과도 같기에, 내 눈에 보이는 문제들은 나의 자각과 참회를 기다리는 사생아와도 같다. 나의 자식임을 인정받을 때까지 수많은 세월을 윤회하면서 사생아들은 계속 등장한다. 사생아를 고아원에 맡기고 고아원 원장의 비리를 고발할 것이 아니라, 그 아이가 나의 친자식임을 인정하는 일이 급선무라는 뜻이다. 내 친자식으로 키우면서 때로는 불가피하게 야단칠 수도 있겠지만, 그것은 이미 내가 나에게 하는 행위가 아니겠는가. 내 자식임을 아는 사람에게는 '이 아이를 굶겨도 된다', 아니다 '하루에 한두 끼는 먹여야 한다'와 같은 류의 윤리적 고민이 발생하지 않는다. 마찬가지로 '고기를 어느 정도까지는 먹어도 된다', 아니다 '나를 위해 죽이지 않은 고기만 먹어도 된다'와 같은 류의 고민은 발생하지 않는다. 또 육식하는 사람에게 '채식을 전파해야 한다', 아니다 '단순히 나만 채식하면 된다', 와 같은 류의 고민은 육식문화와 그 문화 속에 살아가는 이들을 나의 외부에 있다고 생각하는 사람이 하는 고민이라고 해야 할 것이다.

그럼에도 불구하고 습관적으로 '채식주의'의 긍정적인 효과에 대해 고민이 남아있다는 것은 내가 아직 이 세상이 내 업식의 반영임을 인정하는 데에 부족함이 많다는 뜻인 것 같다. 대부분의 윤리적 고민이 그러하듯이 그것은 대상을 둘로 보는 관점에서 나타나는 딜레마이기 때문이다. 또한 수행과 사회적 실천을 둘로 보는 관점에서 제기되는 갈등일 수도 있다. 사회적 실천을 어떤 마음 상태에서 하느냐에 따라 그것은 중생의 투쟁이 될 수도 있고 보살행이 될 수도 있으니, 섣불리 공동의 지침이나 합의를 이끌어내려고 할 필요는 없다고 본다. 지금 현재 내릴 수 있는 결론은 〈너의 잘못을 비판하는 채식주의〉에서 〈나의 잘못을 참회하고 용서하는 채식〉으로 나아가야 한다는 사실이기 때문이다.

그러나 마음수행은 사적인 영역으로 놔둘지라도 최소한 불교계 행사나 모임에서만큼은 식사를 채식으로 통일했으면 하는 바람이 지나친 욕심일까?

6장 낙태문제에 대한 불교적 성찰[*]

 이 글은 한편으로는 낙태문제에 대한 여성주의적 관점의 한계에
대해 이야기하고, 다른 한편으로는 낙태에 대한 불교적 담론 속에
숨어있는 가부장적인 윤리의 문제를 드러냄으로써 보다 바람직한
불교적 접근법에 대해 성찰하고자 하는 의도를 갖는다. 이를 위해
살생의 특수성의 관점에서 합법화의 한계를 설명하고, 여성을 대상
화하는 가부장적 윤리를 넘어서야만 불교적 관점이 온전하게 적용
된다는 점을 제시하고자 한다.

* 이 글은 "낙태문제를 불교적으로 성찰한다는 것은 무엇일까?"라는 제목으로
 『문학 사학 철학』(한국불교사연구소, 2010)에 실렸다.

1. 살생의 관점에서 본 낙태와 육식(肉食)

낙태와 육식이라는 개념이 동시에 거론되었던 적은 별로 없었던 데에서도 알 수 있듯이 이 두 가지는 서로 무관해 보인다. 그러나 나는 낙태와 육식에는 커다란 유사성이 있다고 보고, 이 유사성을 살펴보는 과정에서 각각의 문제에 대해서도 깊이 있는 성찰을 할 수 있으리라 본다. 우선 유사성에 앞서 차이점에 대해서 언급할 필요가 있다. 흔히 낙태란 단어 자체에서부터 이미 그러한 뉘앙스가 있지만 그것은 '낙태문제'이다. 즉 바람직하지 못한 현상이라는 의미가 있다. 여성의 재생산권 차원에서 낙태의 허용을 주장하는 경우에조차 낙태를 즐거운 행위로 인식하는 사람은 아무도 없다. 그러나 육식은 문제로 여겨지지도 않을뿐더러, 사실상 육식이라는 단어 자체가 많은 이들에게는 생소하기만 하다. 차라리 채식이라는 단어에는 익숙할지언정 육식이라는 단어는 무언가 어색하다. 비유하자면 동성애라는 단어는 수긍이 가는데 이성애라는 단어가 수긍이 가지 않는 것과도 같다. 어떤 사람이 동성애자임을 확인하거나 말할 수는 있지만, 어떤 사람이 이성애자라고 굳이 표현하지 않는 것은 이성애라는 기준이 정상적이고 동성애가 비정상적이라는 관념이 있기 때문이다. 채식한다고 하면 보통사람들과는 달리 고기를 안 먹고 야채만 먹는 사람으로 인식할 뿐이지 채식하지 않는 사람을 육식하는 사람이라고 굳이 규정하지 않는 이유는 인간이 동물의 고기를 먹는 것이 정상적이라는 관념이 있기 때문이다.

그런데 인간이 동물의 고기를 먹는 것이 과연 정상적인가? 이것이 정상임을 주장하는 논리들은 원시인류시대로부터 역사적으로 인간은 사냥을 해왔고 고기를 먹어왔으며 건강을 위해 고기를 필요로 한다는 내용에 기반하고 있다. 그러나 유사 이래로 인간은 전쟁을 해왔고 서로를 잔인하게 죽여 왔으며 자기가 살기 위해 남을 짓밟아야만 했다. 또 가장 오래된 직업이 매춘이라는 말이 있듯이 성을 사고파는 일은 거의 모든 시대와 사회에서 찾아볼 수 있다. 그럼에도 불구하고 우리는 살인과 매춘을 정상적인 삶의 모습으로 보는 것이 아니라 사라져야 할 그 무엇으로 보고 있다. 사형제도와 매매춘제도를 필요악이라고 옹호하는 경우에조차 그 행위를 맥락적으로 옹호할 뿐이지 내 딸이 성을 팔고 내 자식이 사형당하는 것을 받아들이는 것은 아닐 것이다. 즉 내가 동일시할 수 있는 대상이 살해되거나 성적인 도구로 이용당하는 것을 받아들일 수 없다는 뜻이다. 그렇기 때문에 역사 이래로 끊임없이 살인과 전쟁이 일어나도 살인은 정상적인 행위로 여겨지지 않고, 역사 이래로 끊임없이 매매춘이 있어왔어도 성의 도구화는 바람직한 규범으로 합의되지 않는 것이다.

이와는 달리 육식은 특정 집단에서만 문제시되었을 뿐이고 다수의 인류에게 그것은 문제가 되지 않고 있다. 왜냐하면 '육식'이란 없으며 오직 '고기'가 있을 뿐이기 때문이다. 다시 말해 육식의 실상은 은폐되어 있으며 고기라는 포장개념이 있을 뿐이라는 것이다. 육식의 실상은 동물살생이지만 고기란 음식문화일 뿐이다. 그렇기 때문에 우리는 만두와, 햄이 들어있는 김밥과, 고기가 들어있는 스파게티를 먹으면서 얼마든지 평화로울 수 있는 것이다. 뿐만 아니라 정신을 평화롭게 만들기 위해 고안된 마인드컨트롤 테이프에서조차 평화로운 광경에 대한 심상화의 사례로서 '한가롭게 낚시를 하는 장면'이 등장하고 있다. 여기서 낚시는 여가이자 취미로 의미화되어 있는 것이다. 어류에 대한 살생이 낚시라는 포장개념에 의해 여가문화로 되어있기 때문에 가능한 일이다.

포장개념의 특징은 필요에 의해서 특정 행위를 재의미화한다는 점인데, 그것은 사회구성원들이 특정 행위의 필요성에 대해 동의함에도 불구하고 그 행위에 대한 거부감이 있기 때문에 있는 그대로의 용어를 쓰지 못하고 표현을 바꿀 때 발생한다. 동물을 먹으려고 하지만 동물을 살생하는 행위는 거부감을 일으키므로, '가축'이라는 개념을 사용함으로써 도살을 합법화하고 그들의 시체를 토막 내면 그것은 '고기'가 된다. 시체 혹은 토막살해 등의 단어는 대부분의 사람들에게 거부감을 불러일으킴에도 불구하고 고기가 동물의 시체이며 그것을 토막으로 자른 것임을 인정하기 어려운 이유는 무엇인가? 다시 말해 육식이란 단순히 고기를 먹는 행위가 아니라 동물살생을 의미한다는 것을 공감하기가 그토록 어려운 이유는 무엇인가?

가장 큰 이유는 아마도 우리가 고기를 먹고자 하며, 건강을 위해 먹어야만 한다고 생각하기 때문일 것이다. 가장 기본적인 욕구는 가장 기본적인 권리로 인식되어, 육식을 조금이라도 바람직하지 못한 비정상적인 '살생'의 대열에 포함시키는 것을 상상조차 하지 않게 된다. 나아가 육식을 살생으로 인식하는 관점에 동의하지 않는 이유도 결국 그것은 우리가 살기 위해 '어쩔 수 없는' 것이며 따라서 그것은 '정당방위'라고 보기 때문이다. 그런데 바로 이 지점에서 그것은 낙태문제와 여러 면에서 비슷해지는 측면이 생긴다.

앞서 말했듯이 낙태는 바람직하지 않은 비정상 행위이지만 육식은 선량한 시민의 정상 행위로 여겨진다. 하지만 육식이 정상적인 것으로 여겨지기 위해서는 포장개념을 통한 인식의 재구성 과정이 있었으며 여기에는 일종의 자기기만과 타협이 내포되어 있다. 예컨대 나의 필요에 의해서 특정 사안에 대해서는 있는 그대로의 진실을 보기를 거부하는 경우와도 같다. 즉 의식이 스스로를 보호하기 위해 일종의 차단막을 만들어내는 작업이라고 할 수 있다. 그 차단막 덕분에 육식은 정상화될 수 있었다. 그런데 이와 유사한 과정이 낙태 행위에 대해서도 일어났다고 보인다. 비록 낙태가 '바람직한' 사건으로 인식되진 않더라도 여성주의 담론에서 그리고 많은 맥락 속에

III · 불교 수행자의 관점에서

◆
◆◆

서는 '정당방위'로 여겨지는 경우가 많기 때문이다.

낙태가 많은 사회에서 살인으로 인식되어 결코 정당하지 않은 행위로 여겨짐에도 불구하고 사회적으로 허용되고 심지어는 합법화되는 맥락들이 존재한다는 것은 그만큼 정당방위 및 필요악으로 인식되는 경우들이 있다는 뜻이다. 그러나 법적으로 인정된다는 것은 다만 해당 사회의 합의가 어느 정도 이루어졌다는 뜻에 불과하기 때문에 – 예컨대 과거에는 노비를 죽여도 처벌받지 않았던 시대가 있었다 – 살생의 특수성이 갖는 측면을 외면할 수만은 없다. 살생의 특수성이란, 어떠한 생명체도 스스로의 죽음을 기꺼이 받아들이는 경우가 없다는 점에서 비롯되는 문제이다. 극단적인 고통 때문에 자살을 선택하는 경우를 제외한다면, 모든 생명체는 삶을 유지하려는 기본적인 의지가 있다. 따라서 어떠한 경우에도 죽임을 당하는 생명체는 공포 심리를 갖게 되고 저항을 하게 되어 있다. 심지어는 보잘 것 없어 보이는 작은 벌레 하나라도, 자기를 죽이려는 의도를 간파하게 되면 살기 위해 필사적으로 도망 다니는 것을 볼 수 있다. 맹수의 추격을 받아 도망 다니는 동물 역시, 그것이 토끼이든 가젤이든 그 무엇이든 간에, 지쳐서 중도에 포기하는 경우는 없고 있는 힘을 다해 끝까지 도망치는 것을 볼 수 있다. 그만큼 생명이란 포기될 수 있는 것이 아니기 때문이다. 결국 살생의 특수성은 그것의 합법성 여부와는 관계없이 양심에 있어서의 불편함 혹은 죄의식을 남긴다는 점이라고 하겠다. 따라서 합법적인 낙태라 할지라도 마음의 죄의식을 전혀 느끼지 않게 될 수는 없다.

뿐만 아니라 생물학에서는 난자에 정자가 결합한 수정란을 생명체의 시작으로 보기 때문에 신체적 죽음이 곧 생명체의 끝이 되지만, 불교에서는 이러한 수정란에 간다르바(gandharva), 즉 식(識)이 결합되어야 비로소 생명체로 자라난다고 설명하고 있다.[1] 따라서 이 식(識)은 살생의 카르마를 지닌 채 또 다른 삶의 인연으로 나타나게 된다. 윤회의 가능성을 무시할 수 없다면[2] 낙태의 문제는 여성의 현세의 삶의 고통을 줄이는 차원에서만이 아니라 내세의 과보를 방지하는 차원에서도 고민될 필요가 있다.

대체로 살생의 법적 허용범위에 대한 논의들은 정당방위 혹은 필요악의 개념을 어느 수준까지 적용할 것이냐를 둘러싼 논란으로 흐르게 되는데, 합의가 이루어지지 않는 이유의 대부분은 정당방위의 기준이 서로 다르기 때문이다. 예컨대 낙태의 경우, 산모의 생명이 위험에 처한 상황에서의 낙태시술에 대해서는 쉽게 사회적 합의가 이루어지지만, 결혼을 하지 않아 미혼모가 되기 때문이라거나 임신 출산으로 인해 직업을 잃게 되는 경우 등에 대해서는 이견이 생기게 된다. 한편에서는 사회적 체면이나 직장 때문에 살인을 해도 되느냐고 반문을 하고, 다른 한편에서는 사회적, 경제적 생존의 문제는 정당방위에 가깝다고 보기 때문에 당사자의 고통과 필요에 더 초점을 맞추려고 한다. 사실 정당방위의 기준은 가치관에 따라 크게 달라질 수밖에 없다. 미혼모가 될 바에야 차라리 자살을 하겠다고 생각하는 사람에게는 낙태가 정당방위에 가깝다고 할 수 있다. 또 개고기 합법화 논란의 경우에도 개에 대한 살생을 정당화하는 논리는 그것이 막을 수 없는 '음식문화'라는 점을 강조하지만 이것이 필요악인지에 대해서 합의가 쉽게 이루어지지 않고 있다.

그러나 죽임을 당하는 생명체의 입장에서 과연 필요악이라는 게 수긍이 갈 수 있을까. 누군가가 내가 이해할 수 있는 어쩔 수 없는 사정으로 인해 나를 죽인다는 것을 알게 되었을 때, 그 사실이 납득이 되어 최소한 원망하는 마음에는 빠지지 않는다 할지라도, 죽임을 당하는 일은 여전히 받아들일 수 없는 일이다. 즉 극단적으로 말하면, 강간으로 인한 임신이어서 혹은 산모의 생명이 위험한 상황이라서 낙태에 대한 사회적 합의가 충분히 이루어진 상황이라 할지라도 태아의 입장에서는 여전히 자신의 생명을 양보(?)할 수 없다는 것이다.

그럼에도 불구하고 이러한 상식이 공유되지 않는 측면에 있어서는 낙태와 육식은 비슷한 측면이 있다고 할 수 있다. 살생의 대상이 생명체임에는 틀림이 없는데 같은 생명체로서 동일시하는 데에 어려움이 있다는 점에서 그러하다. 소나 돼지가 도살당할 때 느끼는 고통을 짐작할 수는 있지만 정말로 실감하기가 어렵고, 태아의 고통은 더욱더 실감이 가지 않는 것이 일반적인 정서인 듯하다. 낙태시술 장면을 눈으로 직접 보았을 때의 끔찍함은 인간의 형상을 한 생명체가 팔다리가 잘려나가며 죽임을 당한다는 그 사실에 더 많이 기인하지, 태아가 과연 얼마나 두렵고 공포스러웠는지, 죽기 싫어서 얼마나 발버둥을 쳤는지에 대해서는 알 수가 없다. 이런 점에서 본다면 사실은 도살장에서 괴성을 지르며 저항하는 돼지에게서 더 극적인 고통을 목격하게 된다. 그러나 돼지는 인간이 아니고, 태아는 '아직' 인간이 아니라는 생각에 기대어 우리의 심리적 울렁증은 결국 가라앉는다. 그리하여 정당방위의 기준에 대한 세부적인 논의만 깊어지고 그러한 담론은 낙태하는 사람의 마음을 편안하게 하는 근거로 기능한다.

비록 한편에서는 낙태반대론자들이 생명의 소중함을 외치고 있고, 또 채식주의자들 혹은 동물보호단체들이 동물살생의 폐해를 이야기하고 있어도, 정당방위의 이론을 구성하는 다양한 근거들은 마음의 평화를 유지시킬 수 있게 해준다. 그러나 문제는 우리가 우리의 마음을 알지 못한다는 데에 있다.

마음이란 무엇인가? 대부분의 사람들이 자각하는 자신의 마음은 현재의식의 단편에 불과하다. 따라서 몇 가지 논리를 통해 마음의 평화를 얻는다고 해도, 무의식의 영역을 알지 못한다면 빙산의 일각에 불과한 현재의식만을 다루게 될 뿐이다. 낙태와 육식의 문제를 성찰하는 과정에서 합법화/불법화의 문제, 그리고 그 기준과 근거들에 대해서만 논의하는 것은 현재의식 차원에서만 이 문제를 바라보게 되는 한계가 있다. 그런 의미에서 나는 기존의 논쟁을 '마음'이라는 차원에서 보다 근원적으로 성찰할 필요성을 제기하고자 한다. 즉 사회적 합의의 범위에 대한 문제의식에 대해서가 아니라 각자의 내면에서 실제로 벌어지는 마음의 원리가 성찰되어야 한다는 것이다. 사회적 합의의 경계선을 세우기 위해서는 생명의 시작점에 대해서 혹은 정당방위로 인한 살생의 범위에 대해 논증해야 한다. 이 작업의 중요성과 의미를 떨어뜨리고자 하는 것은 결코 아니며, 생명존중의 문화 속에 자리 잡아야 할 진정한 자비에 대해 논의할 여지는 매우 많다고 본다. 그러나 합법적인 낙태였어도 죄의식을 크게 느껴 고통스러울 수가 있고, 바싹 구운 물고기의 모습을 음식이 아닌 불태워진 시체로 느끼는 마음이 있을 수 있다. 뿐만 아니라 살생이 이루어지는 수많은 맥락들 속에서 가해자는 없고 피해자들만 가득한 상황들이 있다. 결국 죄가 있다면 무지가 죄라고 해야 할 것이다. 따라서 맥락에 대한 무지[3] 뿐만 아니라 마음에 대한 무지가 해결되어야 이 문제에 대한 깊이 있는 성찰이 이루어질 거라고 보고, 마음의 문제를 불교적 관점에서 살펴보고자 한다.

2. 낙태에 대한 가부장적이고 비불교적인 관점

그런데 우선 불교적 관점이란 무엇인지에 대해 이야기하기 이전에, 불교적 관점이 아닌 것에 대해서 먼저 설명하고자 한다. 왜냐하면 낙태와 관련하여 회자되는 불교적 관점 속에는 모든 고통을 종식시키는 부처님의 진리보다는 오히려 반대로 더 많은 고통을 양산하는 가부장적인 관점이 자리 잡고 있을 때가 간혹 있기 때문이다. 무엇을 말하는가보다는 어떻게 말하는가가 더 중요한 것은 아무리 옳은(?) 이야기라도 상대에 대한 몰이해 속에서 상대를 도덕적으로 판단하는 방식으로는 상대에게 도움을 줄 수 없기 때문이다. 그것은 불법의 소중한 가르침을 설하는 행위가 아니라 반대로 불법으로부터 멀어지게 하는 일이 될 수 있다. 일례로 「불교적 관점에서 본 낙태 문제」라는 글에는 다음과 같은 표현이 있다.

> "낙태 수술을 받은 여성은 아무런 죄책감이 없는 경우가 대부분이고 오히려 필요한 선택이라고 생각하고 있는 실정이다."[4]

> "우리나라 여성들이 피임을 제대로 하지 않아 임신하게 되면 '원하지 않는 임신'이라는 이유로 낙태하는 사례가 너무나 많다. 33세의 나이에 28번이나 낙태 수술을 한 여성도 있다. 우리나라 여성처럼 피임에 신중하지 못하고 낙태를 가볍게 생각하는 여성은 없을 것이라는 주장까지도 있다. 10대의 경우는 더욱 심각하다. 재수가 없어서 임신을 하게 되면 돈을 조금 마련하면 깨끗이 해결된다고 생각한다. 돈을 마련하기 위해 동년배끼리 낙태계를 만들기도 한다."[5]

위의 표현들의 특징은 낙태하는 여성들을 매우 단순화시키고 우리가 도무지 이해할 수 없는 한심하고 비정상적인 집단으로 규정하고 있다는 점이다. 그러나 더 큰 문제는 현실에 대한 인식이 지극히 비불교적이라는 점이다. 가부장적 세계관은 인간관계를 위계화시키면서 약자를 대상화한다는 특징이 있다. 이것은 약육강식의 현상을 정신적으로 실체화하는 오류를 범하는 일이기도 하다. 권력을 지닌 인식주체가 스스로를 성찰하지 못한 채 자기의 지배하에 있는 인식대상을 문제의 원인으로 실체화한다는 점에서 그렇다. 그것은 대상을 맥락적으로 이해하지 못하는 무능력을 특징으로 하며 동시에 자신에게 속한 문제를 밖으로 투사함으로써 부정직한 윤리의식을 만들어낸다. 불교적 관점이라고 표방하는 담론속에 배어있는 가부장적 관점을 규명하기 위해서 그것의 원리에 대해 설명해보겠다.

우선 권위주의적인 약육강식의 윤리는 항상 약자에게 강자를 배려하라고 권고한다. 이와는 달리 자비로운 성숙한 윤리는 강자에게 약자를 배려하라고 강조한다.

예를 들어보자. 중학생 형과 초등학생 동생이 싸우다가 형이 동생을 때려서 동생이 우는 상황이라고 가정한다면, 권위주의적인 부모라면 왜 형을 화나게 했느냐고 동생에게 야단을 친다. 그러나 의식이 성숙한 보다 자비로운 부모라면 형에게 네가 나이가 더 많은 형으로서 동생을 보살펴야지 어떠한 경우에도 함부로 때리면 안 된다고 가르칠 것이다. 이를 사회에 적용해본다면, 보다 성숙한 사회에서는 기득권층이 약자를 배려하는 모습을 보여주는 것으로 나타날 것이다. 보행자가 자동차의 눈치를 보며 횡단보도를 건너는 것이 아니라, 어떠한 경우에도 자동차가 보행자를 우선적으로 대하며 운전을 함으로써 보행자들이 안전함을 느낄 수 있는 분위기가 형성된다.

성에 관한 한 남성 집단이 강자이고 여성 집단이 약자라고 할 수 있다. 시대가 변화하긴 했지만 여전히 성 규범은 여성에게 더 냉혹하며, 남성보다는 여성이 성폭력의 피해자가 되며, 심지어는 성 전염병에 있어서도 여성이 더 취약하다. 또한 여성이 성적으로 더 수동적이게 되는 여러 가지 조건들 속에서 자기중심적인 성 행동을 하기가 그만큼 상대적으로 어려운 측면이 있다. 그 결과 성 관계에서 주도권을 갖지 못하고 남성의 요구에 휘말리는 경우가 다반사인데, 그러한 수동성 때문에 남성에 의해 배려받기 보다는 남성에 의해 이용당하는 경우가 더 많다고 할 수 있다. 오죽했으면 초기의 여성운동은 여성이 'NO'라고 성 관계를 거절했을 때 그 거절의사를 존중해주지 않고 자기 식대로 'YES'로 받아들이는 남성에게 '아니라면 아닌 것이다(No Means No)'라고 누누이 강조를 해야 했겠는가.

남성이 먼저 데이트 신청을 하고, 남성이 먼저 키스를 하고, 남성이 먼저 애무를 하고, 남성이 먼저 성 관계를 시도하고 이끌어가고, 남성이 결혼 프러포즈를 하는 것, 이것이 많은 사람들에게 오랫동안 성 각본으로 인식된 바이다. 그런데 이러한 각본 속에서 유독 피임만은 여성이 능동적으로 해주기를 바라는 것이 성 규범의 미스터리가 아닐 수 없다.(만일 어떤 여성이 가방에 콘돔을 늘 상비하고 있다면 그녀는 피임에 신중한 여성이라는 긍정적인 평가보다는 성적으로 자유분방한(?) 여성으로 낙인찍힐 가능성이 더 크다.) 게다가 임신이라는 것이 마치 여성들의 월경쯤이나 되는 양 남성의 영역이 아니라고 먼 거리에서 구경하는 남성 집단이 태어나는 아이에 대해서는 반드시 자신의 성을 물려받게 하는 부계 성씨제도를 고집하는 것도 참으로 미스터리이다. 물론 이러한 불균형은 남녀가 공동으로 기여한 것이고, 여성이 보다 주체적으로 행동하는 방향으로 현실이 바뀌어야 하고 이것이 여성주의자들이 여성의 성적 자기결정권이라는 개념을 강조하기에 이른 배경이기도 하다.[6]

그런데 약자에게만 강자를 배려하는 윤리를 집중적으로 가르치는 것은 미성숙한 사회의 특징이라는 것만은 인식할 필요가 있다. 왜냐하면 그것은 상호존중에 기반한 진정한 의미의 윤리가 아니라, 강자가 자신의 편리를 위해 약자를 통제하는 방편에 더 가깝기 때문이다. 가장 대표적인 것이 여성에게만 순결을 요구하는 성 윤리이다. 비구보다 비구니에게 더 많은 계율을 부여했던 승단의 모습도 인도 사회의 가부장적인 관행의 한 결과였다고 보인다.

실제로 남성의 성적 욕망을 자극하는 여성을 비난하는 담론은 미성숙한 가부장적 세계관의 결과이다. 욕망으로 괴로워하는 남성이 자신의 욕망을 관찰하고 단속하는 작업은 안 하면서 그것을 여성 탓으로 돌리기만 했을 때, 여성을 자기 수행의 장애물로 규정하게 된다. 그러나 적어도 자각 있는 수행자라면, 욕망의 대상이 장애물이 아니라 자신의 욕망이 장애임을 직시한다면, 애써 상대에게 계율을 부과하거나 상대를 비하하거나 비난할 게 아니라 오히려 스스로에게 더 많은 계율을 부과하는 것이 맞을 것이다. 보다 진화되고 성숙한 천상세계에 부처님이 나오셨더라면 어쩌면 비구니보다는 비구에게 더 많은 계율을 주지 않았을까. 남성의 성욕이 더 왕성하다고 판단했다면 남성 집단을 대상으로 하는 성에 대한 설법과 몸가짐을 단속하는 계율을 더 많이 양산했어야 하지 않을까.

그러나 가부장적인 사회에서는 남성들의 성욕은 어쩔 수 없는 자연스러운 현상이어서 통제될 수 없는 것이고, 여성들의 자연스러운 성적 행위는 통제되지 못한 '헤픈' 행동 즉 윤리적이지 못한 것으로 여겨진다. 남성에게 '자연적인 것'이 여성에게는 '비윤리적 행위'로 둔갑한다. 남성주도적인 성 관계에서 "우리나라 여성들이 피임을 제대로 하지 않"은 죄를 묻기는 쉽지만, "우리나라 여성처럼 피임에 신중하지 못하고 낙태를 가볍게 생각하는 여성은 없을 것"이라는 말의 이면에는 〈우리나라 남성처럼 피임에 무심하고 성 관계를 가볍게 생각하는 남성은 없을 것〉이라는 의미도 포함되어 있다. 그런데 남자가 가볍고 자연스럽게 하는 성 관계에서 여성이 어떻게 신중하고 철저하게 피임을 해야 할까. 남녀가 성 관계를 원격으로 따로 따로 해야 할까.

남성의 '정당한 자연'과 여성의 '윤리적 행위'를 공존시키려는 헛된 노력은 결국 비밀스러운 낙태라는 모순으로 터져 나오게 되어있다. 따라서 여성의 성만 윤리의 영역에 포함시킬 것이 아니라 남성의 성에 대해서도 윤리적 규범이 작용해야 이 불균형의 모순이 해결될 것이다. 남성의 성적 정숙함, 신중함, 절제능력이 사회적 규범이 되었을 때 원치 않는 임신의 가능성이 줄어드는 것이지, 남성의 성을 무제한으로 풀어놓는 맥락 속에서 여성의 피임성공과 낙태금지만을 의도하는 것은 마치 뇌물을 무차별적으로 살포하는 것을 장려하거나 묵인하면서 뇌물을 받는 사람들을 구속하겠다는 격이다.

그런 의미에서 크게 보면, 남성의 '자연스러운 성 충동'이 여성의 '비윤리적인 낙태'로 전환되었다고도 볼 수 있다. 물론 각각의 개별적인 경우로 들어가서 보면 남성뿐만 아니라 여성들이 경솔했던 경우도 얼마든지 있을 것이다. 그러나 나무가 아니라 숲을 본다면, 자연으로 인정되는 영역과 윤리로서 지켜져야 할 영역에 있어서 어떤 불평등함이 있음은 부인할 수 없을 것이고 이 점이 낙태를 근절하고자 하는 이들이 인식해야 할 중요한 사항 중의 하나이다. 낙태의 비윤리성을 남성의 경솔하고 무절제한 성의 비윤리성과 연관지우지 못한다면 결국 하나만의 바퀴로 수레를 굴러가게 하려는 헛된 노력이 될 것이다.

물론 낙태를 할 경우 남성보다는 여성이 더 많은 고통을 받는다. 그렇기 때문에 피임과 낙태문제를 여성에게 일차적으로 연관 지어 권고할 수는 있다. 그러나 더 많이 피해보는 사람이 조심하라는 사고방식은 누군가에게 개인적으로 해줄 수 있는 조언은 되지만 사회적인 문제해결의 언설로서는 적합하지 않다. 「의학적인 측면에서 본 낙태의 폐해」라는 짧은 글은 조금 더 따뜻한 시선으로 낙태문제를 현실적으로 보여주고 있다.

> "실제로 사귀는 여자가 임신을 해도 무책임하게 행동하는 남성들은 많다. 심지어 여자가 임신이 두려워 콘돔을 권해도 실감이 나지 않는다고 거부하는 남자들도 있다. 아이에 대한 남녀의 입장 차이는 생물학적으로 다르니 성 관계에서 낙태의 위험성에 대해서는 여자 쪽이 보다 신경을 곤두세워 주의해야 할 것이다. 신체적, 정신적으로 손해 보는 것은 여성들이기 때문이다."[7]

그런데 무책임하게 행동하는 남성들이 많으니, 그러므로 여자들이 더 조심해야 한다는 말은 의사로서의 개인적인 견해라는 점에서는 아무런 문제가 되지 않지만, 만일 이러한 관점이 낙태문제를 바라보는 사회적 담론이 되면 곤란하다. 이것은 남성의 성 윤리 부재를 간접적으로 옹호하는 결과가 되기 때문이다. 만일 앞서 언급했던 비유에서 부모가 초등학생 동생에게만 이렇게 말한다면 어떨까. 〈너의 형은 도무지 자기 성질을 못 이겨 화가 나면 항상 너를 때릴 수밖에 없다. 맞으면 어린 너만 아프게 될 테니 앞으로는 형의 심기를 거스르지 않도록 조심하라〉. 어린 동생이 부모로부터 이런 말을 듣는 기분은 참으로 서글프다고밖에 할 수 없다.

그런 의미에서 "낙태 수술을 받은 여성은 아무런 죄책감이 없는 경우가 대부분"이라고 쉽게 말하는 것은 그 자체가 하나의 폭력일 수도 있다. 진실로 아무런 죄책감이 없는 여자라면 그녀는 아마도 깨닫고도 성불한 사람이 아닐까? 보통의 사람이 그럴 수 없다는 것은 너무나 당연하기 때문이다. 게다가 이 말도 사실은 그 숨겨진 의미를 보아야 한다. 즉 〈자신의 태아(아기)를 낙태 수술하는 남성들이 아무런 죄책감이 없는 경우가 대부분이다〉라고······.[8] 뿐만 아니라 자신의 성 관계의 결과로 상대 여성이 임신했을 가능성에 대해 무심하다는 것은 곧 그 여성이 낙태를 하게 되었을 가능성에 대해서도 무심하다는 뜻이다. 수많은 여자들과 잠자리를 함께 했다고 자랑삼아 떠벌이는 남자들이 가끔 있는데 그들은 자신의 파트너 중에서 낙태를 했을 가능성이 있는 사람이 몇 명이나 되는지에 대해서 과연 관심을 가졌을지는 알 수 없다. 상호적인 만남에 의해서였건 상품화된 성을 구매했건 간에, 피임의 실패 가능성은 언제든지 있기 때문에 낙태의 가능성도 언제든지 잠재해있다고 보아야 하는 데도 말이다.

　물론 죄책감의 여부가 면죄부가 되는 것은 아니다. 그러나 낙태하는 여성의 고통에 조금이라도 귀를 기울이고자 한다면[9] 문제는 죄책감이 없다는 점이 아니라, 어떻게 해야 죄책감과 심리적 고통에서 해방될 것인가가 더 중요하게 느껴질 것이다.[10] 다음은 네이버 지식iN에서 인용한 낙태경험을 쓴 익명의 글들이다.

　　"임신4~5주째에 중절 수술을 했어요. 아직 미혼이구요. 수술한지 2주째 됐는데…… 마음이 많이 아파요. 한동안은 마음이 너무 아파서 몸이 아픈지도 몰랐어요. 일주일이 거의 다 되서 몸이 아픈걸 알았어요. 그래서 병원 가서 주사 맞고 약 먹고 했어요. 제가 너무 아파하니까 남친은 얼른 무리하지 않는 한도에서 빠질 수 있는 일을 하래요. 울지만 말고 움직이라고.(…중략…) 매일 쇠로된 송곳으로 온몸을 갈기갈기 찢기는 꿈에 시달리고 나에게 수술을 권한 주위 사람들을 만나는 것도 너무 힘들고 싫어서 거의 혼자 있거나 하는데…… 거기다 처음에 아기가진 사실을 알고 나서 아무것도 생각 않고 제주도에서 둘이 살기로 생각까지 했었어요 저는 아이만 생각한다면 너무 낳고 싶었거든요 그리고 제가 사랑하는 사람의 아이니까…… 하지만 남친은 아닌가 봐요 수술하고 수술비 치료비 일주일간 주기적인 연락 맛있는 음식 사주기…… 그렇게 하면 끝인줄 아나봐요 너무 멀쩡하고 잘 살아요. (…중략…) 남자들은 전혀 죄책감을 갖지 않는다고 생각했는데 그렇지 않은 것 같았어요 제가 힘든 것을 같이 힘들어하고 있을 남친에게 모두 떠 맡긴 것 같아 미안했어요."[11]

"전 19살인데 오늘 낙태수술을 햇습니다..아기는9주쯤 넘엇고 심
장소리도 들엇구..진짜 마음이 아팟습니다..처음에가서 자궁을 넓혀
야 된다고 약을 넣는데 진짜 아파죽는줄 알앗습니다……. ㅠㅠ 그리
고 한시간뒤 수술을 햇는데 마취를하고 잠이 들엇습니다. 그리고 일
어나보니깐 수술을끈나 잇엇고 배가 너무 아프고 진짜 애기 한테 너
무 미안해서 계속 울엇습니다. 그리고 10분도 안되서 누워잇지도안고
마취 다 깨지도 안은 상태에서 그냥 택시 타고 집으로 갓습니다 진짜
애기는 얼마나 고통스러웠을까 하는 생각에 정말 눈물이 계속 낫습니
다. ㅠㅠ 그리고 집가서 남자친구가 미역국을 끓여 줘서 미역국에 밥
을 먹고 누워잇는데 초음파 애기사진 보면서 진짜 너무 괴로웠습니
당……계속 울다가……잠깐 지쳐 잠이 들고 일어낫는데 화장실을 갓
는데 피가 너무 많이 나와서 화장실도 제대로못갓습니다;; 그리고 찬
물도 계속 먹고 답답해서 바람좀 쐬고 한 2시간 정도 나갓다 왓습니다
ㅠㅠ 그리고 지금은 배를 따뜻하게 하라고 해서 배에 핫팩을 붙이고
잇는데 ㅠㅠ 정말 진짜 죄책감때문에 미칠꺼같네여..ㅠㅠ"[12]

두 사례 모두 파트너와 함께 있다는 점에서 기혼여성의 경우와 근
본적으로 다르지 않으며 아기에 대한 애정과 미안함 때문에 마음의
상처가 더 크다는 것을 알 수 있다. 이러한 고통은 낙태가 전적으로
합법화된다고 해서 사라질 수 있는 것은 아닐 것이다. 낙태를 비범
죄화하여 재생산권으로 규정하려는 여성주의적 관점은 여성의 입장
에서 문제를 해결하는 하나의 대안이 될 수는 있다.[13] 그러나 여성의
입장이란 무엇일까? 여성을 진정으로 위하는 방향은 무엇일까? 바
로 이 대목에서 불교적 관점은 유물론적 세계관에 입각한 사회운동

이나 여성운동과 달라지고 있다.

3. 낙태현실을 불교적 관점에서 어떻게 인식할 것인가

그렇다면 이제 진정한 불교적 관점에서 낙태문제를 어떻게 이해하고 어떻게 해결할 수 있는지에 대해 이야기해 보고자 한다. 이를 위해 나는 과거의 불교 경전에 대한 문헌연구가 아닌, 이 시대의 깨달은 큰스님이라고 할 수 있는 대행스님[14]의 법문을 중심으로 그 실마리를 풀어보기로 하겠다. 왜냐하면 경전과 계율에 대한 인용은 이미 여러 글들에서 이루어졌으나, 시대적, 문화적 거리감으로 인해 일반인의 입장에서는 공감하기 어려운 측면이 있기 때문이다. 그러나 대행스님을 이 시대의 붓다로 받아들일 수 있다면 스님의 가르침은 보다 살아있는 구체적인 설명으로 다가오게 된다. 대행스님의 법문은 낙태문제를 불교적 관점으로 바라본다는 것의 의미가 무엇인지를 잘 보여준다고 생각된다.

뿐만 아니라, 근본불교와 부파불교에서는 율장이 있어 계율을 철저히 지킬 것을 강조한 것과는 달리 대승불교에서는 따로 율장이 성립되지 않아 대승불교의 윤리관은 오로지 수행자의 마음에 달려있음을 강조하고 있다고 볼 수 있다.[15] 낙태문제를 불교적으로 설명하는 대부분의 글들은 경전과 율장에 대한 인용 중심으로 논의를 풀어나가고 있으나, 그것은 대승불교의 진정한 뜻을 전하는 작업과 멀어질 우려가 있다.

석가모니 부처님을 비롯하여 대승경전의 부처님들과 보살들, 그리고 이 시대의 대행 큰스님에 이르기까지 우리에게 전해주고 있는 진리의 핵심은, 현상세계는 철두철미한 인과의 법칙으로 이루어져 있지만 실상세계는 그러한 인과가 공(空)하다는 사실이다. 이러한 진리를 가르치는 이유는 우리 모두가 고통으로부터 벗어나 진정한 자유를 누리게 되기를 바라고 계시기 때문이다. 따라서 낙태문제를 '불교적 관점'에서 바라본다는 것의 진정한 의미는 인과법에 의해 업보가 발생한다는 사실을 이해하는 데에만 그치는 것이 아니라 동시에 그 업보가 실체가 아니라는 것을 깨닫는 데에 있다고 할 수 있다. 그렇기 때문에 중요한 것은 누군가에게 업이라는 굴레를 씌워주는 일이 아니라 업을 녹이는 일이다. 실제로 대행스님의 행장기에 의하면 "스님께서는 누가 괴로움을 하소연하는 경우라도 '업장이 두터워 그렇다'는 말씀을 한 번도 하신 적이 없으셨다"[16]고 한다. 또, 다음의 두 일화를 보자.

시장에서 닭을 잡아 생계를 유지해 오던 한 사람이 하루는 공부하기를 원하면서도 그동안의 무수한 살생 때문에 주저하는 모습을 보시고는 스님께서 말씀하셨다. "직업상 그런 일을 하더라도 진심으로부터 살생이 아니게끔 하는 도리도 있느니라. 따지고 보면 죽는 쪽도 불쌍하고 죽이는 쪽도 불쌍한데 어느 한 쪽만을 지탄할 수 없느니, 그러므로 양쪽을 다 건져야 한다. 만약에 내가 그 일을 죄라고 자리매김한다면 말이 법이 되어 평생을 무거운 짐에 눌려 지내야 하거든 부처님의 자비스런 가르침이 어찌 그러할 수 있겠느냐."[17]

하루는 어느 분이 하소연을 하는 가운데 웬 스님으로부터 '업이 무거워 그렇노라'는 말을 들었다고 하였다. 그 말을 듣고 스님께서 말씀하셨다. "내가 여러분들의 하소연을 듣고 하루에도 몇 번씩 마음이 너무 아파서 아예 가슴이 텅 빈 듯한데 누가 그대들을 보고 업이 무겁다고 하는가.(…중략…) 그렇게 불쌍하고 괴로운 사람들에게 '너는 업보가 많아서 그렇다'고 누가 말하는가. 왜 그대들에게 업보라는 무거운 짐을 덧붙여 주려는가. 오죽 답답하면 부처님의 자비를 갈구하고 실오라기 하나라도 잡으려 하겠는가. 그런 이들에게 짐을 뒤집어씌우는 일은 결단코 잘못된 일이니 나는 한 생각 되돌리면 업도 붙을 자리가 없다고 말할 뿐이다."[18]

여기서 알 수 있는 것은 살생의 대상뿐만 아니라 고통받는 살생의 주체를 죄인으로 규정하는 행위 자체도 하나의 '법'이 되기 때문에 바람직하지 않다는 것이다. 그런 의미에서 보더라도 낙태문제를 불교적 관점에서 다룬다는 것은 살생으로 인해 생기는 악업에만 초점을 맞추는 일이 되어서는 안 될 것이다. 특히 우리나라 여성들의 상당수가 낙태를 이미 경험한 현실에서 '반드시 무간지옥에 떨어진다'는 인식의 유포는 의도하지는 않았더라도 죄의식과 절망을 확산시키는 무책임한 태도이다. 죄라는 것을 실체로 생각하는 것이야말로 업보로부터 자유롭지 못하게 한다는 사실을 놓고 본다면, 악업이 실체가 아니라 공(空)하다는 것을 깨닫게 만드는 담론을 더 많이 형성시켜야 한다.

다만 '낙태죄'를 '재생산권'으로 재구성하려는 여성주의적 노력은 생명을 유물론적으로만 이해하고 '마음'에 대한 인식이 결여되어 있기 때문에 현재의식 차원에서는 죄를 공하게 할지라도 잠재의식의 차원을 그대로 남겨둔다는 데에 한계가 있다. 주체와 대상이 둘이 아니고, 가해자와 피해자가 둘이 아닌 진리에 눈을 뜨지 못한다면 마음도리를 모르는 중생은 "무심 중에 저지른 업을 모르고 받게 된다"는 문제가 있다.[19]

악업이 공하다는 것을 강조하는 일은 자칫하면 막행막식을 조장하거나 마음 놓고 잘못을 저질러도 된다는 오해를 불러일으킬까봐 두려워서 언급되지 않는 듯하다. 그러나 공한 것은 악업만이 아니라 선업도 공한 것이며, 주체와 행위와 대상도 공한 것이기에, 옳고 그름마저도 집착해서는 안 됨을 공감하는 일이 보다 본질적으로 중요하다. 대한불교조계종 포교원의 입장에서도 드러나듯이, 불살생의 관점에 서있는 불교는 분명히 낙태를 '해서는 안 될 행위'로 규정하고 있지만 "불교는 어떤 경우를 막론하고 '절대'라고 못 박는 것을 경계하고 있다는 점을 중요하게 생각할 필요가 있"[20]기 때문에, "사회적 현안을 대처할 때 '절대'라는 관념을 갖지 말기를"[21] 당부하고 있다.

실제로 겉으로 보기에는 동일한 낙태 혹은 살생처럼 보일지라도 의식의 차원에 따라 그것은 전혀 다른 의미와 결과를 가져올 수가 있다. 대행스님은 마음공부를 전혀 모를 경우 "그냥 생명을 죽이니까 살생이 되"고, "인과응보가 되고 업보가 되"고, "개구리 한 마리를 죽였어도 에누리가 없"다고 하면서도, 마음공부를 하는 사람들의 경우는 차원에 따라서 달라진다고 한다.[22)]

"만약에 자기 주인공에 모든 것을 일임하고 낙태를 시킨다면은 그거는, 즉 말하자면 물질적인 형상은 낙태를 시키고 그 영혼은 건져서 자동적으로 다시 재생이 돼나가니깐요. '용광로에 넣으면 무조건 녹아서 모두 가공돼가지고 저절로 생산이 돼서 나간다.' 이런 거를 아니까 용광로에다 다 넣거든요. 용광로에다 다 넣는다면 그냥 자동적으로 생산이 돼서 나가요. 생산이 돼서 나갈 때 어떤 걸로 나가느냐가 문제죠. 즉 말하자면 용광로가 금의 용광로냐 무쇠의 용광로냐, 여기에 따라서…….

여러분도 공부하면서 차원이 다 있습니다. 없는 게 아닙니다. 역력합니다. 여러분이 다 알기 때문에 나도 알고 있습니다. 하지만 말 못하는 이유가 있죠. 말을 하면 아니 되니깐요. 그러니까 여러분, 낙태라는 문제가 간단한 것이 아닙니다. 낙태를 한다 하더라도 첫째는 물질세계에 사는 사람의 그 삶을 위해서, 둘째는 그 영혼을 건지기 위해서, 셋째는 내가 넓혀서 지혜롭게 대치해나갈 수 있는 능력을 기르기 위해서, 그러니까 모든 게 삼합이 맞아야 되듯이 모든 걸 거기다 놓고 가면 공부가 완전히 된 사람은 금의 용광로일 테고, 금 용광로에 넣어도 브로치가 되느냐, 목걸이가 되느냐, 반지가 되느냐, 귀걸이가 되느냐의 문제가 또 있죠.

그런데다 습이 덜 떨어지고 참 도리의 완성이 되지 못한 사람들에 한해서는, 갈팡질팡하는 사람은 그것이 금 용광로가 아니라 무쇠 용광로가 돼버려요. 그건 자동적이에요. 오신통 자체가 컴퓨터이기 때문입니다. 그래서 거기에 들어가면 쇠로 재생이 돼서 나가죠, 또.

사람들이 많고 많아도 차원이 다 있습니다, 다 얼굴이 다르듯이. 요만큼도 똑같은 거는 없어요. 묘하죠. 그렇듯이 우리가 이렇게 한마디를 방편으로 했으면 천차만별이라는 걸 아셔야 됩니다. 그러니까 여러분이 생명을 걸고 공부하셔야 됩니다. 생명을 건다고 해서 뭐 금방 죽을 거 살아나고, 금방 살아날 게 죽는 게 아닙니다. 죽을 사람은 방 안에 가만히 앉았어도 죽습니다. 그러니까 절에 다녀도 죽더라, 이러진 마세요. 허허허. 그러니까 죽고 사는 거 개의치 마시고 그냥 열심히 하시되 낙태라는 것도 그러한 요소요소가 있으니까 될 수 있으면……."[23]

즉 객관적인 행위와 객관적인 판단이 사실은 허상이기 때문에 무엇이 어떤 업이 되는지에 대해 딱 부러지게 규정할 수는 없다. 객관세계는 주관적 인식주체와 불가분의 관계에 있으므로, 누구나 자기 차원대로, 자기가 구성하는 세상 속에서 자기 의식 수준에 따라 판단분별을 하며 살아가고 있다. 나와 분리된 별개의 객관세상이 있다는 생각 때문에 그 객관세상을 마음 놓고 재단하고 비판하지만, 그것은 자기의 세상에 대한 자기비판일 뿐이다. 사후세계에서 인간을 심판하는 절대 신이 있는 것은 아니지만, 자기 관념의 수준에 따라 자기가 남에게 그리고 자기 자신에게 행한 모든 일들이 스스로에게 돌아옴으로써 자기가 자기를 경험하게 된다고 할 수 있기 때문이다.

일체 모든 것은 한마음주인공 즉 자기 불성의 나툼이지만, 현상들을 분리된 실체로 인식하는 착각의 작용이 시간과 공간이라는 경험의 바탕을 마련하여 그 속에서 관념의 수준에 따라 좋고 나쁘고, 옳고 그른 세상을 존재케 하는 것이다. 모든 생명체의 근본에는 불성이 있어 평등하지만 업식(業識)[24]은 자신의 과거 잠재의식에 기록된 모든 카르마의 결과라는 점에서 자기가 행한 대로 받는 것은 불가피하다. 그런데 누구나 자기 의식 수준에서 행할 수밖에 없기 때문에 중요한 것은 자기 의식 수준을 향상시키는 일이다.

> "이 세상에는 수많은 생명들이 살고 있지만 그 차원은 천층만층입니다. 동물이나 식물 등이 인간보다 차원이 낮은 거야 너무도 당연한 것이지만 사람만 두고 보더라도 역시 그 차이는 너무나도 큰 경우가 많습니다. 겉모습이 사람이면 다 비슷하려니 하고 생각하실지 모르지만 그렇지가 않습니다. 같은 사람의 모습을 가졌다고 하더라도 까마득한 불보살의 마음으로 사는 분들도 있고, 지옥, 아귀, 축생으로 사는 사람도 많습니다.
>
> 만약 사람의 마음의 차원이 겉모습에 그림처럼 나타나거나 텔레비전 화면처럼 즉시즉시 비친다면 참으로 볼만할 것입니다. 그리고 그렇게 되면 대개 비슷한 키에 비슷한 몸무게를 가진 사람들이지만 그 마음의 크기나 마음의 무게에서는 얼마나 엄청난 차이가 나는지를 알게 된 나머지 모두들 까무라칠지도 모릅니다.

그렇게 사람의 마음에는 수천만 가지의 층하가 있습니다. 그런데
그런 층하란 기실 무엇일까요. 그것이 곧 관념입니다. 자기의 생각이
어떠하냐 하는 것이 마음의 크기가 되고 차원이 되는 것입니다. 그래
서 나는 늘 한 생각이 중요하다, 한 생각이 참으로 중요하다고 강조
하고 강조하는 것입니다."[25]

　낙태문제를 어떻게 보아야 하느냐에 대한 선명한 결론을 내고자
하는 사람에게 위의 내용은 답답함을 줄 수도 있겠지만, 일체 대상
을 내 몸과 같이 보고, 둘이 아니라고 볼 수 있다면 내가 나를 해칠
수 없는 법이기 때문에 살생조차도 상대를 건지는 일이 될 수 있다.
둘이 아닌 마음의 도리를 안다면 고기 한 점을 먹어도 소의 마음이
내 마음이 되어 결과적으로 소의 차원을 인간으로 향상시키게 된다.
그러나 "소는 소고 나는 나라고 한다면 그 죄업에서 헤어나지 못하
게 된다."[26] 소가 사람이 되고 사람이 소가 되는 윤회의 현실[27] 속에
서 소에 대한 살생을 사람에 대한 살생과 근본적으로 다르다고 보려
해도 거기에는 한계가 있다. 결국 악업을 짓지 않을 수 없는 중생의
조건에 대한 자비로운 인식 속에서, 중요한 것은 악업을 짓지 않도
록 어떻게 지혜를 키울 것인가이며, 그 지혜는 행위자의 차원을 높
이는 관점에서 접근되어야 한다. 고기 먹는 문화의 일원이면서 도살
장에서 일하는 사람들의 무거운 업에 대해 강조하는 것은 불교의 올
바른 접근법이라고 할 수 없다.

낙태하는 여성을 남이라고 보지 않을 때 비로소 원치 않는 임신을 방지하는 효과적인 대안이 나올 수 있을 것이며, 자기 뱃속의 태아를 나와 둘로 보지 않을 때 비로소 낙태의 가능성은 실질적으로 줄어들 것이며, 동물들을 우리와 근본적으로 다르다고 보지 않을 때 비로소 육식을 하지 않으면서도 건강을 지킬 수 있는 무수히 많은 방법이 있다는 사실에 눈뜨게 될 것이다. 필요악 혹은 정당방위의 개념은 지혜의 부족에서 나오는 중생의 자연스러운 관념이고 그것에 대한 규정의 차이는 의식 수준의 차이를 반영할 뿐이다. 어른이 아이와 논쟁해서 이기는 방법은 아이의 어리석음을 고발하는 방식이 아니라, 아이를 어른으로 성장시키는 지혜를 발휘하는 방식이어야 하지 않을까.

인식된 세상은 인식주체와 불가분의 상호의존적 관계에 있다는 것이 불교의 기본이라면, 모든 언설은 자기규정적인 것이라고 할 수 있다. 내가 사랑하는 대상은 이미 나를 사랑하고 있고, 나를 미워하는 대상은 이미 나의 미움을 받고 있다. 험담하는 사람에 대해 비난하는 것은 내가 험담하는 사람이 되는 일이고, 어떤 사람을 비도덕적이라고 심판할 때 이미 나는 비도덕적인 사람이 되어 있다. 이러한 닫힌 체계 속에서 악순환을 선순환으로 대치해나가는 것이 수행이고, 순환체계가 실재하지 않음을 깨닫는 것이 윤회를 벗어나는 일일 것이다.

그렇기 때문에 채식운동의 기본은 육식자들을 둘로 보지 않는 마음에서 출발되어야 하고, 낙태방지운동은 낙태하는 이들을 둘로 보지 않는 마음에서 출발되어야 하며, 여성운동조차도 가부장적 제도와 관념을 갖는 이들을 둘로 보지 않는 마음에서 출발되어야 한다. 우리가 변화시키고자 하는 현실은 그 자체가 바로 우리 자신이자 우리의 악업의 결과임을 받아들이는 데에서부터 시작하는 것이 사회문제를 대하는 불교적 관점이라고 해야 할 것이다. 따라서 그것은 객관적(?) 상황을 변화시키려고 하기보다는 상황에 대한 우리들의 인식을 변화시키는 데에 집중해야 할 것이다.

7장 수행자의 관점에서 본 사회참여[*]

1. 머리말

본 연구는 '불교 수행자'의 관점에서 사회참여의 문제를 어떻게 바라보아야 하는가에 대한 관점을 제시해보려는 시도이다. 불교는 세상을 인식하고 변화시키는 관점이 일반적인 세속의 관점과 다르다고 할 수 있다. 세속의 관점이 주체와 대상(타자)의 이분법에 기반한 유위법적인 것이라면 불교적 관점은 실상의 세계를 불이(不二)의 공(空)사상, 연기법에 기반한 무위법적인 것으로 본다. 즉, 세속의 관점이 눈에 보이는 외부의 동떨어진 대상을 변화시키는 데에 주력하고 있다면 불교 수행의 관점은 일체를 내 한마음¹⁾으로 보기 위해 노

* 이 글은 "불교 수행자의 관점에서 본 사회참여"라는 제목으로 『불교학보』 59집 (동국대 불교문화연구원, 2011.8.31)에 실렸다.

력하는 데에서 시작되며, 변화의 대상이 나와 별개가 아님을 전제로 하고 있다. 그런 점에서 불교 수행자라면 인식이 다른 만큼 실천의 방법론도 다를 수밖에 없다. 하지만 같은 불자라 할지라도 현실에 대한 인식은 수행의 수준에 따라 그 스펙트럼이 달라진다고 할 수 있다. 대승불교의 반야부(般若部) 경전에 입각해서 일체 모든 것이 아공(我空)이면 법공(法空)임을 아는 수행을 한다고 했을 때, 공을 아는 것은 연기를 아는 것이며 연기를 아는 자는 이 현상계가 무상하며 허상이라는 것을 깨닫는 것을 말한다.[2]

따라서 수행이 깊어진다는 것은 단순히 자신의 개인적인 '상태'가 달라지는 것을 뜻하는 것이 아니라, 현실 즉 제법의 실상을 깨닫는 정도가 달라짐을 의미하고 무명(無明) 즉 잘못된 이해가 그만큼 벗겨짐을 의미할 것이다.[3] 그렇다면, 비록 수행자들마다 많은 차이가 있다 할지라도 불교 수행이 지향하는 세계관에 입각하여 불교적 관점에 고유한 사회참여의 방법론이라는 것이 있다면 그것이 어떤 것이어야 할지, 적어도 그 원리와 방향성을 이야기해볼 수 있다고 보고 그것을 규명해볼 필요가 있다고 본다. 다만 이 글은 수행자의 관점에서 사회참여의 문제를 성찰하는 것에 초점을 맞추고 있기 때문에 현실에서 다양한 불교단체들의 사회참여가 어떤 방식으로 이루어지는지에 대한 판단은 논외로 하며 원론적인 차원에서 논의를 진행시키고자 한다.

2. 불교와 사회참여에 대한 기존 관점의 문제

1) 사회참여 개념에 대한 의문

일각에서는 불교계가 출세간적 가치에 매몰되어 세간에서 벌어지는 불의와 사회적 모순 그리고 중생들의 일상적 고통을 돌보고 있지 않다는 점에서 사회적 참여에 소극적이라는 비판이 있어 왔다.[4] 한 편에서는 불교 교리 자체가 개인적 해탈을 강조하고 있기 때문에 사회문제에 소극적일 수밖에 없다는 관점도 있지만, 불교의 사회적 무관심은 역사적인 맥락 속에서 나타난 것이지 교리 자체에서 기인하는 문제가 아니라고 보는 관점이 있다. 즉 "불교 교리 자체는 현대적 재해석을 통해 사회적 관심과 실천의 이론적 기초가 될 수 있다"고 보는 것이다.[5] 그런데 여기서 중요한 것은 불교 교리를 재해석함으로써 사회참여의 근거를 도출하기에 앞서, '사회참여'란 무엇인지를 먼저 살펴볼 필요가 있다는 사실이다.

지금까지 대부분의 논의들 속에서 사회참여라는 표현이 사용되는 방식은 어느 정도의 일관된 의미를 갖고 있다고 보여진다. 참여불교(Engaged Buddhism)라는 용어는 불어의 앙가주망(Engagement)에서 비롯된 것으로서 앙가주망이란 작가, 지식인의 사회참여 혹은 정치참여를 의미한다.[6] 일반적으로 사회참여라는 말 자체는 광범위한 의미로 사용될 수 있지만 불교와 사회참여를 다루는 논의들은 대체로 앙가주망이라는 개념이 가진 좁은 의미 – 즉, 부정의한 사회현실을 방관하지 않고 목소리를 내어 현실변화를 위한 활동에 적극적으로 참여하는 일 – 로 사용되었다고 보인다. 이러한 관점은 사회정치적인 격변기에 주로 나타났고 억압적인 권력에 대항해야 할 필요가 느껴졌을 때 중립적 입장이란 가능하지 않다는 판단과도 관련된다. 그런데 이러한 관점은 단순하게 말하면, 악의 세력이 있을 때 그 악과 대항해서 싸우지 않는 것은 곧 악의 세력과 협력하는 일이라는 다소 이분법적인 관점이라고도 할 수 있다. 따라서 사회참여의 올바름과 당위성이 현실에 대한 이분법적 관점과 무관하지 않게 전개되고 있다고 보인다.[7] 이 글에서는 사회참여 개념이 갖는 정치적 입장 표명의 측면을 다루고자 하기에, 그러한 관점에서 쓰여진 논의들[8]을 중심으로 본 논의를 전개시키겠다.

그런데 사회참여라는 표현이 내포하는 세계관을 불교적 세계관과 같은 차원에서 논할 수 있는지 여부를 살펴보는 작업은 '불교적 사회참여'의 문제를 고민하기 위해 가장 먼저 행해져야 할 작업임에도 불구하고 이 부분에 대한 검토가 미진하지 않았는지가 필자의 생각이다. 불교의 무아, 자비, 자리이타, 중생구제 등의 개념을 너무나 손쉽게 사회참여와 연결시키게 되면 모든 불교인들의 정치세력화를 윤리적 명령으로 오해하게 될 위험마저 있다고 본다.

상식적으로 보면, 사회참여의 문제는 불교 교리해석에 앞서 시민이자, 민족과 국가의 성원으로서, 공동체의 일원으로서 기본적으로 가지는 의무라고 할 수 있다. 자기가 속한 사회에서 주어진 투표권을 행사하는 일이 최소한이라면 사회 제반 사항들에 대해 관심을 갖고 참여하는 일은 도의적인 차원에서 바람직한 것이라 할 수 있다. 문제는 기존의 사회참여의 관점, 혹은 사회적 실천의 개념을 하나의 독립변수로 먼저 설정을 해놓은 상태에서 불교 교리의 부분들을 끌어들이게 될 경우, 자신이 생각하고 있는 사회참여라는 개념을 의문시하지 않은 채 이를 당연시한 상태에서, 사회참여를 위해 불교를 어떻게 적용시킬 것인가를 고민하게 된다는 사실이다.[9] 그것은 불교를 하나의 집단문화나 이념 수준으로 대상화시키고 기존의 사회학적 논의를 위한 하나의 수단으로 끌어들이는 일이 될 위험이 있다. 불교의 내적 논리에 대한 성실한 실천, 즉 수행자의 관점이 배제된 채로 불교를 사회학적으로 다룬다면 진정한 의미에서의 '불교적' 사회참여가 아니라, 사회참여를 위해 불교라는 소재를 이용하는 것에 불과하다.

2) 사회참여 개념의 근대적 성격

그렇다면 몇몇 논자들이 사회참여의 용어를 사용하는 방식을 살펴보자.[10] 조성택은 「'깨달음의 사회화'에 관련한 몇 가지 고찰」이라는 글에서 불교의 사회참여를 깨달음의 사회화와 같은 의미로 사용하고 있는데 여기서 사회화의 의미는 "주로 근대적 관점의 사회윤리 혹은 실천철학적 맥락에서의 사회화"임을 밝히고 있다. 이는 곧 사회정의(social justice), 인권, 사회복지, 사회적 약자, 통일문제 등과 같은 사회적 문제에 대한 관심으로 나타난다고 보고 있다.[11] 박경준은 「불교 공업설의 사회학적 함의」라는 글에서 공업설에 대한 이해를 통해 시민사회운동에 적극적으로 참여해야 할 당위성을 이끌어내고 있다. 여기서 그가 말하는 사회적 실천은 "올바른 법과 제도를 확립"하는 것으로서 "젠더, 인종, 계급, 민족, 환경 문제들에 있어서 모든 '억압'과 '사회적 불의'를 극복하고 정의를 실현"하기 위해 행하는 공동의 노력을 의미한다.[12] 이밖에도 박정록은 「불교와 사회정의」라는 글에서 "세속적 재화의 공정한 분배를 보장해주는 사회 체계"라는 의미로 사회정의를 규정하면서 불교 안에 이러한 세속적 정의가 어떻게 수용될 수 있는지를 논한 바 있다.[13] 이들은 모두 근대사회로부터 비롯된 사회정의 개념을 전제로 해서 사회참여를 논하고 있다는 점에서 그 문제의식이 공통적이라고 보인다.

한편 김성철도 「시민운동에 대한 불교의 고언」이라는 글에서 "현실참여는 이타심과 비판정신에 토대를 둔 사회활동이다. 참여의 주체들은 억압받는 자와 고통받는 자에 대해 도움을 주고, 억압하는 자와 고통을 주는 사안에 대해 비판한다"라고 함으로써 사회참여를 구성하는 두 가지 요소를 '이타심'과 '비판정신'으로 규정한 바 있다.[14] 언뜻 생각했을 때 이타심과 비판정신은 대승불교의 보살사상을 표현하는 〈상구보리 하화중생〉의 '지혜와 자비'를 연상케 한다. 이러한 유사성 때문에 대부분의 논의들은 사회적 실천을 보살행과 엄밀하게 구별하지 않는 경향이 있다. 그러나 사회참여 개념이 전제로 하는 이타심과 비판정신은 대승보살의 지혜와 자비와는 근본적으로 다르며, 이는 마치 고전물리학과 현대물리학이 서로 다른 것만큼이나 별개의 차원을 형성하고 있다고 할 수 있다. 세간적 패러다임에 입각한 이타심과 비판정신의 활동을 사회참여라고 하고, 불교의 가르침에 입각한 수행으로서의 지혜와 자비의 실천을 보살행이라고 한다면 이 두 가지는 겉에서 봤을 때는 유사한 활동인 것처럼 보일 때조차 속으로 보면 전혀 다른 인식에서 출발한 상이한 실천이다. 전자는 자타를 구분하고 객관적 실체를 전제로 한다면, 후자는 자타와 주객이 둘이 아니라는 공성에 대한 믿음을 전제로 하는 '실천 아닌 실천'이기 때문이다.

요컨대, 불교와 사회참여의 관계를 다루는 논의들은 대체로 근대적 세계관에 기반하고 있는 사회정의를 이상적인 선으로 먼저 설정한 상태에서 불교의 교리를 재해석하는 작업에 초점을 맞추고 있다. 그런데 근대적 세계관이란 서구에서 중세를 지배하던 신으로부터 독립한 인간이 자연을 정복하고 실험하는 기계론적 과학주의 및 실증주의에 바탕을 두고 스스로의 존엄성과 권리를 주장하게 되는 맥락 속에서 발생한 세계관이다. 비합리적인 맹신에서 벗어나며 휴머니즘의 토대를 이루었다는 점에서 긍정적인 발전으로 평가될 수 있으나 그것의 이면에는 인간중심주의로 인한 환경파괴와 식민주의 및 집단이기주의로 인한 권리와 권리의 대결이 첨예화되는 경향이 있어서 현대사회가 풀어야 할 숙제가 되기도 하였다.[15]

한편, 인권개념을 중심으로 형성된 근대적 주체는 독립적인 존재로서 독자적인 권리를 소유한다는 점에서 '나'와 '나의 것'을 핵심으로 하는데, 이는 불교의 존재론과 대비된다. 주지하다시피 〈금강경〉에서 보살은 아상, 인상, 중생상, 수자상을 여의어야 한다고 하는데, 진실은 '나'를 중심으로 한 개인주의와 부합하지 않기 때문이다. 근대적 세계관의 핵심이 독립적이고 분리된 개체의 실체성을 내세우는 데에 있었던 만큼 그것은 우주의 최소단위를 원자로 설정하던 뉴턴의 고전물리학으로 전형적으로 표현된다. 그러나 원자를 입자와 파동의 이중적 성격으로 새롭게 발견한 현대물리학은 사물의 본질이 고정된 실체가 아니며 확률함수로서 잠재되어 있어 관찰자의 관점에 따라 다르게 창조됨을 간파하였고 이같은 불확정성의 원리에 기반한 포스트모더니즘의 세계관은 불교가 오래 전에 밝혀놓은 진실을 뒤늦게 재인식하고 있는 형국이다.

따라서 근대적 세계관에 기반하여 제시되는 사회참여의 제문제를 풀기 위해 불교의 교리를 재해석하고자 하는 시도는 고전물리학의 개념틀 속으로 현대물리학의 개념을 차용하고자 하는 시도에 비유될 수 있다.[16] 물질의 최소단위가 원자라고 믿고 있는 근대적 의식 상태에서 현대물리학의 불확정성의 원리를 어떻게 재해석할 것인가라는 과제를 설정하는 것 자체가 부적절하다는 것이다. 따라서 논의되어야 할 것은 개체적 실체를 전제로 하는 사회참여의 문제를 해결하기 위해 제법무아의 실상을 이야기하는 불교담론을 어떻게 재해석할 것인가가 아니라, 우리가 불교 교리를 정말로 잘 터득하고 체화할 수 있다면 우리의 '사회참여'는 어떤 식으로 달라질 것인가, 즉 '불교적 관점에서 사회참여를 어떻게 재개념화해야 할까'인 것이다.

그럼에도 불구하고 불교와 관련해서 사회참여를 논하고자 하는 본래 의도를 훼손해서는 안 될 것이다. 사회참여를 촉구하는 가장 큰 이유는 불교계가 사회문제에 참여하지 않고 무관심한 태도로 일관하기 때문에 많은 고통이 방치되고 있다는 판단 때문이다. 즉 사회참여의 필요성을 제기하는 것은 나와 세상을 고통으로부터 구제하고자 하는 목적을 갖기 때문이다. 사회참여의 필요성을 제기하면서도 사회참여의 개념 자체를 되돌아보지 않았던 이유도 결국 사회참여라는 것이 세상을 고통으로부터 구제하는 실천이라고 그 의미를 자연스럽게 전제했기 때문이다. 이러한 관점이 참여불교로 표현되고 있다고 보이는데 여기에는 다시 짚어보아야 할 쟁점들이 있다.

대체로 참여불교로 표현되는 관점에는 다음과 같은 논리가 내포되어 있다. 고통에는 개인의 어리석음에서 비롯되는 개인적 고통만이 아니라 착취적인 사회구조적 모순에 의한 '사회적 고통'이 있으며, 사회적 고통이란 결국 사회역사적으로 구성된 고통이므로 업설을 숙명론으로 받아들이는 것을 거부하고 집단적인 공동의 노력으로 현실을 해결해야 한다. 그리고 우리가 사회적 고통에 주목하게 되는 이유는, 끝없는 윤회로부터의 '궁극의 해탈'만을 추구하기 보다는 지금 당장에 많은 사람들이 직면한 '현실의 고통' 역시 해결하고자 하기 때문이다. 따라서 '깨달음의 사회성과 현세적 의미가 공통적으로 강조되고 있다'고 할 수 있다.[17] 그러나 이것은 다음과 같은 이분법적인 전제들을 설정하는 일이기도 하다.

첫째, 윤회로부터의 해방을 추구하는 수행만이 아니라 현실의 고통을 소멸하기 위한 실천도 중요하다고 봄으로써 수행/실천의 목적을 깨달음과 중생구제로 분리한다.[18] 이는 '상구보리'와 '하화중생'을 별개의 영역으로 설정하는 일이다. 둘째, 고통의 원인은 개개인의 무명만이 아니라 착취적인 사회구조 속에서도 찾아야 한다고 봄으로써 개인을 사회구조 속에 일방적으로 포함시키기만 하는 관점이다. 이는 사회가 다시 그것을 인식하는 개인에 의해 연기적으로 존재하며 티끌 안에 우주가 존재한다는 법칙을 보지 못하는 일이다.

3. 수행과 사회참여의 인식론적 통합

1) 불교 수행과 사회참여를 범주적으로 구분하는 관점의 문제

불교를 자신의 삶의 소재가 아닌 본격적인 주제로 삼았을 때 행하는 노력을 수행이라고 한다면, 수행에는 크게 두 가지 방향이 생기게 된다고 본다. 하나는 모든 현상을 내 탓으로 '안으로' 돌리는 것이고[19], 다른 하나는 모든 공덕을 '밖으로' 회향(回向)하는 것이다. 전자가 밖에서 안으로 향하는 것이라면 후자는 안에서 밖으로 향한다는 점에서 대비되지만, '만물이 하나로 돌아가고 그 하나가 공하다'는 것을 깨닫는 것으로 수행의 핵심을 표현할 수 있듯이 사실 이 두 가지 방향은 하나의 내용을 의미한다. 즉 수행을 하지 않는 상태에서 쉽게 흐르게 되는 '이기심'과 '남을 탓하는 마음'을 반대로 향하게 함으로써 넘어서는 작업을 말한다. 그러나 나와 남을 별개로 보고 나에 대한 집착을 갖는 한, 방향을 돌린다는 것은 매우 어려운 일이다. 특히 번뇌의 한복판에 있을 때 이 기본 방향성을 잃지 않는 것이야말로 수행의 척도가 될 수 있을 것이다. 평소에는 수행자의 관점을 유지하다가도 특정 민감한 사회문제나 사안에 봉착했을 때에는 이 관점을 상실해버리는 것이 보통 수행자의 모습이기도 하다. 하지만 원수의 말 한 마디에 발끈했더라도 적개심을 놓아버리고 다시 반야지혜로써 상대를 둘로 보지 않는 자비심으로 돌아오는 것이 수행자의 힘이다. 이러한 노력을 얼마나 예외 없이 행할 수 있느냐가 스스로의 수행을 점검할 수 있는 지표가 된다고 본다.

그렇다면 불교적 수행과 불교적 사회참여는 질적으로 다른 것인가 아니면 같은 것인가?[20] 이 질문이야 말로 '불교적 사회참여' 논의에 있어 핵심적인 질문이 아닐까 생각한다. 조성택은 이와 관련하여 다르다는 입장에 서서 사회참여 이론을 구축해야 한다고 보고 있다. 그는 두 가지 종류의 '적용의 오류'를 언급하고 있다. 첫 번째로는, 불교 경전은 대부분 출가자들을 위한 것인데 사회를 떠나있는 상가에 대한 담론을 세속사회에 그대로 적용하는 것은 부적절하다는 것이고, 두 번째로는 '무아' 혹은 '열반'과 같은 본체론적 담론을 사회적 현상이나 개인 윤리의 문제에 곧바로 적용하는 것은 공허하고 현실성 없는 결론으로 맺어지기 때문에 본체론적 담론을 사회현상적 담론으로 재해석해야 한다고 보고 있다.[21]

분명히 출가자가 사회정치에 관여하지 않는 것은 상대적으로 수월할 수 있다. 하지만 출가의 의미는 집착을 버리는 마음에 대한 상징적인 실천에 더 가깝지, 반드시 가정과 사회를 물리적으로 떠나야만이 출가의 본뜻이 살아나는 것은 아니다. 출가를 했어도 세속적인 욕망들을 버리지 못했다면 생활 속에서 철저하게 수행하는 것만 못하다고 봐야 할 것이다. 그런 의미에서 부처님의 가르침을 등불로 삼아 수행에 대한 발심을 한 사람이라면 곧 출가자와 다를 바가 없다고 볼 수도 있다. 버려야 할 것은 집착이지 삶 그 자체가 아니기 때문이다.

조성택은 본체론적 담론을 사회현상적 담론으로 전환 혹은 재해석하기 위한 방법론으로서 법의 불교(dhammic Buddhism)와 업의 불교(kammic Buddhism)를 구분할 것을 제안하고 업의 불교를 중심으로 불교적 참여 이론을 구성해야 한다고 보고 있다. "본체론적 담론이 생사윤회를 벗어나기 위한 초월적 담론이라면 행위의 불교는 (물론 불교의 본체론적 담론에 입각하여) 생사의 현장인 사회 속에서의 윤리적 행위를 위한 담론"이라는 것이다.[22] 이와 유사한 관점에서 김성철도 진제와 속제에 대한 구분을 하며 사회참여는 속제의 차원에 속한다고 규정하고 있다.

> "많은 사람들은 공과 무분별과 무차별을 말하는 진제적 교설을 속제 내에서의 행동 지침으로 혼동한다. 진제적 교설은 깨달음을 구현하는 과정에서만 통용될 수 있을 뿐이다. 그러나 현실참여란 일반인들의 관습적 인식의 차원, 즉 속제의 차원에서 이루어지는 행동이다. 속제의 차원에서 우리는 옳고 그른 것을 엄정히 가려내야 하고, 문제가 되는 상황을 파악하기 위해 치밀하게 분별해내야 한다."[23]

그러나 '깨달음을 구현하는' 것이 불교 수행자의 목표라고 했을 때, 그것은 삶 전체를 대상으로 하는 것이기에 '생활 속에서의 참선수행'이 되는 것이지 좌선하는 시간 동안만 수행이 한정되는 것은 아니다. 게다가 만일 김성철의 말대로 '현실참여란 일반인들의 관습적 인식의 차원에서 이루어지는 행동'이라면, 일반인으로서 현실참여를 하면 그만이지 굳이 '불교적' 사회참여라는 것을 설정하거나 고민할 필요도 없을 것이다.

불교적 사회참여 이론이란 무엇보다도 불자인 내가(우리가) 불교 수행을 충실히 하는 관점에서 어떻게 세상의 고통[24]을 해결하는 데에 일조할 것인가라는 질문에서 출발해야 한다. 고통을 이해하고 해결하는 인식의 차원에 있어서 '상식적인 관점'과 '불교적인 관점'이 갖는 차이를 외면한다면, 무엇이 불교적인 사회참여인가라는 질문이 더 이상 성립되지 않기 때문이다. 그런 의미에서 불교와 사회참여를 각기 진제와 속제, 혹은 본체론과 현상론으로 구분하는 관점에는 동의하기가 어렵다. '색즉공'이 불교의 가르침이라고 했을 때, 불교는 '공'이고 사회참여는 '색'인 것처럼 구별하는 것은 적절하지 않기 때문이다. 굳이 말하자면, 속제가 '색'이라면 진제는 색과 구별되는 별개의 '공'이 아니라 '색즉공'인 것이다. 따라서 진제의 무분별은 분별하지 않음을 의미하는 것이 아니라 분별이 분별이 아님을 의미하는 것이다.[25] 이를 다음의 표로 설명해 보았다.

속제	진제
상식과 관습적인 차원	깨달음을 구현하는 수행의 차원
색	**색즉공**
옳고 그름을 분별함	**'분별하되' 분별함이 없음**

〈표〉 속제와 진제에서의 분별의 문제

여기서 〈분별하되 분별함이 없다〉는 것의 의미는 사회문제에 대해 옳고 그름을 분별하지 않는다는 뜻이 아니라 냉철한 분별과 대응을 하되 그 분별과 대응 자체가 자신의 인식의 반영에 지나지 않음을 자각한다는 것을 말한다.

물론 사회의 다양한 구성원들과 소통하는 데 있어서 '상식적 관점에서' 받아들이기 힘든 '불교적 관점'을 강요할 수는 없다. 그러나 왜 불교가 사회참여의 주체들에게 지침을 내리고 조언을 해야 한단 말인가? 부처님이 깨달음을 얻고 나서 전법을 망설였던 것은 그것이 상식을 거스르는 내용이어서 받아들여지기 힘들 거라고 여겨져서였다. 실제로 전법이 이루어진 것도 결국 수행자가 제자가 되기로 선택하고 부처님이 제시하는 관점을 수용하기 위한 적극적인 수행의 노력을 했기 때문이다. 오늘날에는 불법에 대한 이해 속에서 '자등명 법등명'을 선택하는 것이 곧 제자가 되는 일이라면 부처님의 제자들이 현실에 어떤 식으로 참여할 것인지를 스스로 고민하는 결과로서 불교적 사회참여 이론이 나타나야 한다고 본다. 즉 사회참여를 수행의 연속선상에서 고민을 했을 때라야 진정한 의미에서의 불교적인 사회참여 이론이 나올 수 있다는 것이다. 깨닫기 위해 수행을 할 때에만 공성이 중요하고 현실의 번뇌 속에서는 상식이 더 중요해진다면 불교적 정체성의 의미는 퇴색될 수밖에 없다.

사실 엄밀하게 본다면 불교 수행자의 관점은 일반인의 상식적 관점과는 결코 쉽게 소통될 수 없다. 사회정치적인 사안에 있어서 현상적으로 동일한 입장표명을 한다고 해도 이미 그것은 공동의 실천이라고 보기 어렵다. 사회참여로 보이는 행위조차 사실은 사회참여가 아니라 수행이기 때문에, 공동의 실천을 해야 한다는 당위에서도 벗어날 필요가 있다. 예컨대 불교 수행자의 관점은 낙태를 반대하는 사회 집단과 동일한 입장 – 태아의 생명을 존중하고자 하는 – 으로 보일 수도 있지만 낙태반대론자들과 공동의 사회적 실천을 하고 있다고 보기 어렵다. 또 때로는 낙태 허용을 주장하는 여성주의자들과 뜻을 함께 하는 것으로 보일 수도 있지만 이는 여성의 고통을 해결하고자 하는 큰 뜻만을 함께 할 뿐, 이미 현실을 인식하는 맥락은 매우 다르다. 낙태반대론의 억압성과 대항해서 싸우는 여성주의자들의 입장에서 본다면 여성해방을 위한 불교적 사회참여는 지극히 부족해 보일 수 있다. 반대로 낙태반대 운동을 하는 집단과 이에 대한 선명한 입장을 표명하는 기독교 및 천주교의 입장에서 본다면 생명

존중을 위한 불교의 사회참여도는 매우 저조한 것으로 평가될 수 있다. 불교적 관점이 낙태를 옹호하는 것도 아니고 반대하는 것도 아닌 것처럼 여겨지기도 하는 것은 그것이 현상적 차원에서는 악업인 것이 실상에 있어서는 악업이 아님을 깨닫는 수행을 내용으로 하며 이는 속제와 진제 모두를 아우르는 것이기 때문이다.

독재정권과 민주화운동이라는 대립구도가 설정된 상황에서조차 유사한 애매함은 내재되어 있다. 비록 현상적으로 민주화운동과 같은 편에 서 있다고 보일 때조차 그것은 동일한 사회참여라고 보기 어렵다. 왜냐하면 일체의 인식대상이 인식주체와 불가분의 관계에 있다는 연기법의 가르침을 성실하게 적용해본다면 독재정권조차 사실상 '외부의 적'으로 인식될 수 없기 때문이다.

2) 일반적인 사회참여와 보살행의 차이

그렇다면 수행의 연속선상에서 사회참여를 고민할 때 그러한 사회참여는 어떤 내용으로 구성될 것인가? 그것은 앞서 언급했듯이 인식의 회향과 공덕의 회향으로 채워져야 한다. 즉 모든 선행의 목표가 깨달음이라는 방향으로 전환되고, 지금 행하고 있는 모든 선행과 복업을 일체 중생을 위해서라는 방향으로 전환한다는 뜻이다.[26] 여기서의 인식의 회향이란 결국 반야바라밀을 의미하는 것이다.

외부의 대상들이 실재하고 그들이 문제의 원인이라고 보는 마음은 스스로를 '아무런 책임이 없는' 관찰자(혹은 피해자)로 생각하지만, 인식주체와 인식대상이 상호의존적으로 성립한다는 『중론』의 연기법에 비추어 생각해보더라도 우리 각자는 자신이 경험하는 세계에 대해 책임이 있으며 그 세계는 그것을 인식하는 자신으로부터 비롯되었다. 일체법이 공하다는 것은 내가 인식하는 모든 것이 나의 시간과 공간 속에서 나에게만 경험되는 것이기에 그 자체의 독립적인 진실성/실재성이 있는 게 아니라는 뜻이기도 하다. 이것은 결코 '객관적 사실'을 부정하는 것이 아니다. 내 눈 앞에 있는 컵도 공하고 뉴스에 나온 사건도 공하다고 했을 때, 분명히 다른 사람들과 함께 뉴스를 봤지만 뉴스의 사건이 공하다고 할 수 있는 것은 그것을 보는 나와의 연기적 관계하에서만 그것은 내게 존재하기 때문이다. 나 이외의 다른 사람들도 함께 뉴스를 봤다고 해도 달라지는 것은 아니다. 다른 사람들이 있다는 사실도 내 현실 속에서 그러한 것이기 때문이다. 따라서 뉴스 속의 사건이 공하다는 것은 그 사건이 없다는 뜻이 아니라 그 사건이 절대적으로 있는 것이 아니라는 뜻이다. 하나의 사건이 객관적으로 존재한다고 여겨지더라도 그 객관성조차 나의 주관에 의해 구성된 것임을 철저하게 자각하는 것이 수행적 관점의 기초이다.

따라서 하나의 정치적인 사건에 대해 내가 나름대로 분별심을 냈을 때, 나의 분별심을 없애는 것이 반야바라밀이 아니다. 나의 분별심이 절대적으로 실재하는 객관적 진실이라고 믿으며 그 속에 빠지거나 그 견해에 집착하거나 함몰되지 않고, 그 분별심 자체가 내 업식의 결과임을 관하며 스스로 만들어낸 믿음에 불과함을 보는 것이 반야바라밀이다. 나의 분별심은 객관적으로 실재하는 대상에 대한 진실한 생각이 아니라, 내가 과거로부터 지녀온 수많은 경험과 지식을 인연으로 형성된 (허)상으로서, 현재의 나의 우주를 구성하는 재료일 뿐인 것이다.

자신의 분별심이 궁극적으로 뿌리가 없는 것임을 볼 때 우리는 그 분별심에 대한 집착을 내려놓을 수 있다. 이것은 현실에 대한 무관심으로 이어지는 것이 아니라 무집착으로 귀결되기 때문에 – 상이 상이 아님을 보기 때문에 그 어떤 상도 '실체'로 내세우지 않는다는 의미에서 – , 결과적으로 자비로운 공한 분별심[27]을 낼 수 있게 된다. 여기서 말하는 공한 분별심이란 업식에 의해 자동적으로 나타나는 집착하는 분별심이 아니라 사심 없이 다른 사람들의 행복을 바라는 무아의 자리에서 내는 한생각을 말한다. 만일 자신의 분별심이 공하다는 것을 보지 못한다면 아무리 훌륭하고 똑똑한 생각이라고 해도 그것은 '나의' 생각이기 때문에 무주상보시가 될 수 없다. 즉 공덕의 회향이 이루어지지 못한다는 것이다. 그것은 기존의 잘못된 善을 대체하는 새로운 善이 될 수는 있지만 그것은 집착하는 분별심으로서 惡에 대항해서 스스로를 높이는 善이기 때문에 그 善 속에는 자신을 부정하는 세력에 대해 언제든지 惡으로 갚을 수 있는 잠재력이 내재되어 있다.

결국 반야바라밀을 떠나서는 수행을 이야기할 수 없고, 수행을 떠나서는 '불교적' 사회참여를 이야기할 수 없다. 따라서 이타심과 비판정신은 일반적인 사회참여의 구성요소는 될지언정 불교적 사회참여의 구성요소라고 볼 수 없다. 게다가 보살행과 질적으로 구별되는 사회참여라면 그것을 굳이 불교적 사회참여라고 할 필요가 없기 때문이다. 이타심과 비판정신이 중생의 이기적인 성향에 대한 안티테제라고 할 수 있다면 지혜와 자비의 보살행은 자타의 이분법(이기심 vs 이타심)을 넘어서는 실천이다. '사회참여'란 사회를 대상으로 하는 보시바라밀이라고 할 수도 있으나 반야바라밀을 토대로 하지 않는다면 집착하는 마음이 있는 상태에서 행해지는 실천이기 때문에 그 공덕에 한계가 있음을 『반야경』의 다음 구절을 통해 확인할 수 있다.

> 수보리여, 만약 삼천대천세계에 사는 중생들이 모두 아뇩다라삼먁삼보리의 마음을 내어 항하의 모래알만큼 수많은 오랜 겁(劫) 동안 항하의 모래알만큼 수많은 세계의 중생들에게 의복과 음식과 침구와 의약 등의 온갖 필수품을 공양한다면, 그대 생각에 그들이 이러한 인연으로 복을 많이 받겠느냐, 적게 받겠느냐?"
>
> 수보리가 말씀드렸다.
>
> "비유할 수 없을 정도로 많이 받겠습니다. 세존이시여, 만약 이 복덕에 크기가 있다면 항하의 모래알만큼 수많은 세계라도 담아낼 수

없을 것입니다."

부처님께서 수보리를 칭찬하여 말씀하셨다.

"훌륭하고도 훌륭하다. 수보리여, 하지만 보살은 반야바라밀에 의해 수호되어 그 복덕을 온전히 회향하는 까닭에 앞에서와 같이 집착하는 마음을 가지고 보시하는 데에서 얻는 복덕은 이에 비하면 백분의 일, 아니 천만억분의 일, 더 나아가 셈으로는 도저히 비유가 되지 않는다."[28]

이밖에도 반야경전 류에서는 온갖 선업을 짓더라도 반야바라밀이 빠져있다면 그 공덕이 상대적으로 크게 차이가 남을 보여줌으로써 반야바라밀을 으뜸으로 삼고 있음을 볼 수 있다.[29] 그렇다고 집착하는 마음으로 행하는 대사회적 보시를 폄하하는 것은 결코 아니다. 불교의 가르침은 악업에서 선업으로 나아가되, 그 선업을 깨달음으로 회향할 것을 기본적인 가르침으로 삼고 있다는 뜻일 뿐이다. 따라서 필자의 견해는 세간의 사회참여는 어디까지나 선업의 차원에서 실천되는 것이기에 '불교적' 사회참여가 되기 위해서는 반드시 반야바라밀을 통해 선업을 깨달음으로 회향하는 보살행이 되어야만 한다는 것이다.

사회참여와 보살행의 개념적 차이를 다시 한 번 정리한다면 다음과 같다. 이타심은 이기심의 반대이기 때문에 이타심 안에는 언제나 이기심이라는 그림자가 따라다니는 것과는 달리, 자비심이란 공성에 대한 반야지혜를 전제로 하기 때문에 이기심과 이타심의 이분법을 넘어선 것으로 이해된다. 이분법적인 관점에서 이타심을 주장하게 될 때 그것은 은연중에 이기심을 밀어내고 억압하는 방식으로 작동한다. 그 결과 올바름에 대한 교조적인 실천으로 이어질 위험이 늘 잠재되어 있다. 대부분의 진보적인 담론들이 '변절'을 비판하고 있고, 또 자신이 남을 쉽게 비판하는 것과는 달리 자신이 비판받는 것을 쉽게 받아들이지 못하는 것은 이타적 주체로서 자기 안에 이기적 주체를 합체하고 있기 때문이다.[30]

그러나 자비심은 단순히 이타적인 착한 마음이 아니라 자타불이의 공관에 기반한 마음이기 때문에, 그것은 원칙에 얽매이지 않는 융통성이 있고 스스로의 올바름을 방어할 필요가 없어 자유롭다. 즉 사회참여를 하되 '집단적 에고'의 구속을 받지 않는다는 점에서 무위법적인 행위가 된다는 것이다. 주체가 없으니 업이 없다는 의미에서 함이 없이 한다는 뜻이다. 그러므로 불교적 실천이란 ① 악업의 현실을 선업의 현실로 변화시키되, ② 악업/선업의 이분법을 넘어서 업 자체가 공함을 깨닫는 반야바라밀을 전제로 하는 실천이다.

사회참여와 관련해서 있을 수 있는 세 가지 관점은 첫째가 무관심이고 둘째가 기존의 사회참여라면 진정한 의미에서의 불교적 사회참여란 곧 상구보리 하화중생을 의미하는 세 번째를 말한다.

첫 번째는 왜곡된 불교라고 할 수 있는 '통속적인 업설'의 관점으

1. 개별업과 숙명론

가해주체 → 피해대상

나　　너

사회에 대한 무관심

2. 이타심과 분노

가해주체 → 피해대상

나 / 우리

유위법적인 사회참여

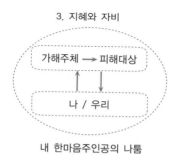

3. 지혜와 자비

가해주체 → 피해대상

나 / 우리

내 한마음주인공의 나툼

〈그림〉 사회참여의 세 가지 차원

로서 고통을 피할 수 없는 것으로 해석할 뿐, 사회참여에 무관심한 분리적 세계관을 반영한다. 두 번째는 일반적인 사회참여의 관점으로서 객관적인 문제에 대한 공동의 책임의식을 갖지만, 인식주체와 인식대상을 여전히 분리된 것으로 보기에 유위법적인 방식으로 나타난다. 불교적 사회참여를 이 두 번째로 잘못 이해하는 이유는 수행자(또는 학자)가 개인적인 문제는 회향을 하지만 '객관적인 문제'에 대해서는 구조나 권력을 탓하는 정신적 습관에 빠져있기 때문이다. 또 나의 세상에서 일어나는(인식되는) 모든 일들이 내 업식(아뢰야식)의 발현임을 망각하고 나와 무관하다는 착각 때문에 책임을 외부에 전가하는 경향성이 강력하게 작용하기 때문이다.

그러나 불교 수행의 기본인 반야바라밀 즉 일체를 부처님의 나툼으로 보는 세 번째 관점에서는 객관적인 문제에 대한 인식은 그대로 있더라도 이 '세상 전체가 내 업식'임을 아는 마음에서 하는 것이기 때문에 분노를 해도 그것은 분노가 아니게 된다. 즉 이분법이 일원론으로 바뀌는 것이 아니라 이분법이 그대로 공한 것이다. 그림에서 〈나/우리〉와 〈가해자 → 피해자〉의 이분법은 그대로이지만 실선이 점선으로 바뀌었음에 주목해야 한다. 아울러 그림 전체가 또다시 거대한 점선의 원으로 둘러싸인 것으로 표현된 것은, 이 세상현실의 객관성이 그것을 인식하는 나의 주관성에 의해서만 드러난 현상(허상)임을 의미한다. 하지만 허상으로서의 이 세상은 그대로 불성(한마음)이기에, 허상의 의미는 무의미로 떨어지게 하는 공성이 아니라 모든 것을 새롭게 창조할 수 있는 '주인'으로서의 공, 즉 이름하여 主人空인 것이다. 숭배의 대상으로서의 부처님이 아니라 나와 세상을 살리기 위해 몰고 갈 수 있는 '소(불성)'로서의 영원한 생명인 것이다. 다만 그 소를 제대로 몰고 가기 위해서는 그 소와 하나가 되어야 하기에, 억압적인 사회구조이든 선량한 피해자이든, 그 모두가 내 주처에서 나오는 것임을 절대적으로 받아들여야 하는 것이다.

4. 참여불교에서 자비불교로

지금까지의 논의에 입각해서 볼 때, 불교적 사회참여가 '불교적'이라는 고유한 의미를 갖기 위해서는 수행과 불가분의 관계 속에서 실천되어야 하기에 적어도 근대적 세계관의 이분법적 패러다임을 넘어서야 한다는 결론이 나온다. 즉 불교적 사회참여의 모습이란 '참여불교'보다는 '자비불교'라는 개념으로 더 적절히 표현될 수 있다고 보이며 그것의 특징은 다음과 같다.

첫째, 자비불교는 반야바라밀을 기본으로 한다는 의미에서 상구보리와 하화중생을 결코 분리시키지 않는다. 즉 일체가 내 한마음으로부터 비롯되었으며 그 하나가 공하다는 반야지혜에서 출발하여, 중생의 고통을 내 고통으로 여기는 마음에서 할 수 있는 모든 자비로운 실천들을 의미한다. 그것은 사회구조와 제도를 변화시키기 위한 일체의 개인적, 집단적 행위를 포괄하지만 변화의 대상이 실체가 아니며 또한 자신과 하나임을 깨닫고자 하는 수행이기에, 그것은 반드시 〈**상구보리를 전제로 하는** 하화중생〉이다. 반야바라밀의 수행이 없다면 너와 나는 엄연히 따로 존재하게 되기 때문에 진정한 의미에서의 자비심이 성립되지 않고 다만 에고의 확장으로서의 이타심에 머무르게 된다. 따라서 반야바라밀은 단순히 생사윤회를 벗어나기 위한 개인구원의 수행법이 아니라 현실의 고통을 해결하기 위한 자비로운 실천의 '필요조건'으로서의 가치를 갖는다. 반야바라밀이 빠진 사회참여는 적어도 '불교적'인 사회참여라고 할 수는 없을 것이다.

둘째, 자비불교는 너와 내가 둘이 아님을 알듯이 개인과 사회의 관계를 상호의존적인 것으로 보기에, 일반적으로 객관적 현실이라고 여겨지는 그것이 주관에 의해 구성된 객관임을 잊지 않는다. 분명히 개인은 사회구조 속에 포함되어 있고 환경의 영향을 받기 때문에 사회구조의 변화를 위한 공동의 노력이 항상 요구되지만, 개인이 속해있는 사회는 또다시 그 사회를 인식하는 개인에 의존해서 성립된다. 꿈속에서 나는 어떤 사회 환경 안에 살고 있는 것으로 설정되지만 그 꿈 자체가 통째로 이미 나만의 꿈이라는 의미에서, 모든 종류의 사회운동도 이미 나만의 꿈속에서 벌어지는 일인 것이다. 따라서 소위 '개인적' 차원의 수행이라 할지라도 그것은 이미 현실에 영향을 미치는 '사회적'인 실천이 된다고 할 수 있다. '나'의 마음가짐은 그 어떤 사회적 입장 표명보다도 언제나 가장 중요하다. 그 이유를 다음과 같이 설명해볼 수 있다.

주관과 객관이 한통속으로 돌아간다는 불교적 진실을 컴퓨터의 입력과 출력의 법칙으로 비유한다고 했을 때, 우리가 컴퓨터에 입력한 내용이 그대로 출력된다는 사실은 쉽게 이해되지만, 출력된 종이에 보이는 내용이 마음에 안 들 때 우리는 책임의식을 느끼기보다는 쉽게 실망하고 컴퓨터나 프린터를 향해 화를 낸다. 그런데 여기서 결정적으로 중요한 것은, 바로 이렇게 실망하거나 화를 내는 마음의 업이 그대로 다시 또 컴퓨터에 입력된다는 사실이다. 그리하여 다음에 출력된 종이는 한층 더 실망스럽고 화가 나는 내용으로 구성된다. 출력된 현실이 어디에서 비롯된 것인지에 대한 이해가 부족할 때 입력의 내용은 더욱더 과격해지고 억압적인 권력은 더욱더 폭력적인 모습으로 악순환이 되어 나타난다. 따라서 현실의 억압적인 권력이나 폭력적인 상황들, 사회구조로 인식된 모든 현실이 법계(法界)임을 깨닫고 구성된 홀로그램임을 자각하는 일은, 개인적 해탈만 추구하는 소승 수행자의 사치가 아니라 중생구제를 의도하는 보살행의 가장 기초적인 실천이 되어야 한다.

만일 그렇다면 수행자가 자신의 (개인적/사회적) 현실을 변화시키는 방법은 무의식적으로 행하는 습관적인 저항을 알아차리는 데에서부터 시작해야 할 것이다. 무의식적으로 오른손을 창조하는 사람은 본인이 원하지 않더라도 왼손도 이미 함께 창조하고 있다고 볼 수 있듯이, 부정적인 사회구조에 대한 심리적/물리적 저항은 그것을 더욱더 강력하게 존재하게 하는 힘으로서 작용한다. 그래서 '존재하는 기존의 것을 변화시킨다'는 유위법적인 발상 자체를 넘어서는 일이 무엇보다도 중요하다. 무언가가 '존재한다'는 믿음이 치명적인 이유는 모든 행위가 그것에 의존되어버리기 때문이다. 이미 존재하는 것을 변화시키려 할 때 우리는 존재하는 그것과 싸우거나 저항해야 하는데, 저항하는 행위는 이미 그 자체가 (본래 실재하지 않는) 대상을 존재하게 만드는 실천이기 때문에, 결과적으로 원하는 바의 정반대가 이루어지게 된다.

한마음의 눈으로 본다면 내가 누구에게 무엇을 행하든 그것은 내가 나에게 하는 일이 된다. 또, 외부에 있는 누가 무엇을 행하든 그것은 이미 내 한마음에서 벌어진 일이다. 이러한 사실을 진실로 자각하게 될 경우에는 불필요한 폭력성은 수그러들 수밖에 없으며 다른 사람들 혹은 권력제도 등이 야기한 문제들을 공격하기보다는 내 한마음에서 먼저 참회를 하게 될 것이다. 그런 의미에서 진보적인 지식인 불자라면 사회의 보수적인 세력들의 모든 잘못에 대해 먼저 자기 안에 그 문제들이 있음을 인정하고 참회해야 할 것이고, 페미니스트 불자라면 가부장적인 사회의 모든 차별적인 관행을 공격하기에 앞서 자기 안에 그러한 차별주의가 있음을 인정하고 참회해야 할 것이다. 이러한 불이(不二)의 접근법을 통해서만이 대개의 사회운동이 경험하는 이분법의 악순환을 예방할 수 있을 것이다.

반야사상은 일체 모든 것이 서로 뗄 수 없는 하나임을 알려주는 지혜이기에, 그것은 개인 수행의 이론에만 머무는 것이 아니라 나라

와 나라 사이에, 그리고 인간과 자연 사이에 적용됨으로써 평화와
상생의 논거가 될 수 있다.[31) 여기에 바탕을 두는 불교적 사회참여의
고유한 특징은 결국 누가 무엇을 실천하느냐라는 겉으로 보이는 모
습으로 판단할 수 있는 것이라기보다는 어떤 마음으로 어떻게 인식
의 회향을 하느냐라는 마음가짐의 문제로 접근되어야 한다.

삶의 모든 국면에서, 역사의 모든 시점에서, '보다 나은' 선택은 있지만 '올바른' 선택은 사실상 존재하지 않는다. 누가 무엇을 기준으로 올바름을 주장할 수 있을까.

스스로의 현실을 세심하게, 양심적으로 살펴본다면 필연적으로 자가당착에 빠진다.

이원성의 세계에 안착하게 만드는 에고는 〈저들은 문제가 있지만 나는 옳다〉는 것을 증명하는 일에 열과 성을 다한다.

투박한 에고는 물리력을 통해 적나라하게 표현하고, 세련된 에고는 논리와 감성을 통해 확신의 근거를 창조한다. 하지만 에고가 구축한 세상은 언제나 자신의 세상일 뿐이다.

불평등, 부정직함, 폭력성, 부정부패……, 혹은 열등함, 어리석음, 미개함, 기생충 같은 삶…….

약자의 입장에서 억압의 주체들을 비판하든, 잘난 자의 입장에서 못난 자들을 몰아내려고 하든, 길을 가다보면 언젠가 자신의 꼬리와 만나게 되어 있다. 자가당착에 빠지게 되어 있다는 것이다.

아직 자신의 꼬리를 만나지 못했다면 나는 그것을 만나보라고 권하고 있는 것이다.

인간세상 내에서 형성된 전선에 집중하는 한, 자신의 올바름과 대의명분을 고스란히 유지시키는 일은 가능할 수 있다. 그러나 종의 경계를 넘어서는 순간 올바름은 무너지게 되어 있다.

살아있는 내가 무슨 권리로 살아있는 너를 죽여서 먹는단 말인가.

채식이 던져주는 화두는 내가 나의 정의로움을 유지할 수 없다는 사실이다.

마치 부정부패와 싸우는 사람이 태생적으로 부정부패를 딛고서 존재하고 있는 것에 비유할 수 있듯이, 우리가 비판하고 싫어하고 불만스러워하고 경멸해마지 않는 모든 것들이 알고 보면 우리의 꼬리에 불과하다는 사실이다.

스스로를 머리와 동일시하는 한 꼬리는 낯설고 멀게만 느껴지지만, 전체가 나임을 이해해 나갈수록 우리의 마음은 포용력을 키워나갈 수 있을 것이다.

정의로움은 유용하고 소중한 것이지만, 온전한 전체를 진실로 이해하고자 한다면 사랑의 문지방에서 허물을 벗고 들어가야 하지 않나, 라는 생각이 든다.

　나는 나를 사랑하는 딱 그만큼만 스스로를 변화시킬 수 있고,

　세상(대상)은 그것과 하나가 될 수 있는 한에 있어서만 정말로 바뀔 수 있는 것 같다.

　그리고 진정한 하나는 무한하기에 실체로서 고정시킬 수가 없다.

　누군가를 사랑하는 것은 그 사람이 증명해보인 장점을 좋아하는 것이 아니라 그 사람을 무한한 잠재력으로서 받아들이는 일이 아닐까.

1장 먹는다는 것은 무엇일까

1) 아난다 미트라(1992), 42쪽.

2) 이광조(2008).

3) 『성난 카우보이』(2004); 『채식이야기』(2003); 『음식혁명』(2002); 『육식의
   종말』(2002); 『육식, 건강을 망치고 세상을 망친다』(2000); 『육식의 성정
   치』(2006) 등이 있다.

4) 이광조(2003), 169~206쪽 참조.

5) '채식하는 사자'에 관한 이야기는 성경의 『이사야서』에만 나오는 공상
   만은 아닐 것이다. 조지 웨스트보·마거릿 웨스트보(2007)의 『(채식하
   는 사자) 리틀타이크』를 참조할 것.

6) 그런데 왜 가젤은 사자에게 잡아먹힐 수밖에 없느냐는 반론에 대해 다
   음과 같은 방식으로 설명되기도 한다. 모든 육식동물의 영혼은 생을 거
   듭하면서 고기와 초식을 혼합해 먹는 잡식동물의 생을 살게 되고, 나중
   에는 완전한 초식동물의 생애를 살면서 짐승의 삶에서 배워야할 모든
   것을 받아들인다. 초식동물들이 육식동물에게 잡아먹히는 일이 생기는

것은 그들도 그 전 삶에서 다른 동물을 잡아먹어 왔기 때문에 그 갚음을 당하는 것이다(한울벗, 2001).

3장 남녀는 평등해도 동물은 불평등?

1) 문학비평가들이 특정 작가들의 채식주의적 측면을 전혀 고려할 만한 요소로 삼지 않는 것처럼, 여성주의에서도 과거의 많은 여성주의자들이 실천한 채식주의를 주목하지 않는 경향이 있다(Adams, 2000:24, pp.180~186).

2) Katherine Pettus(1997), p.151.

3) Adams(1994), 9장.

4) Adams(1994), p.53.

5) Donovan(1993), pp.169~73.

6) Donovan & Adams(1996), p.15.

7) 〈조선일보〉, 2000.6.4.

4장 채식과 에코페미니즘

1) 이상명 교수(동의대 화학과)에 따르면 동물의 오라는 의지를 가진 생체 에너지로서 살생에 따른 원한의 기운을 감고 있기 때문에 인간에게 부정적인 영향을 미친다고 한다. 동물 오라의 중첩이 인체에 미치는 영향은 중첩된 신체부위에 질환을 앓게 만들거나 때로는 외적으로 불행한 사고가 일어나는 형식으로 나타나기도 한다. 또 살생의 공업이 큰 경우는 사회적인 재난이 일어나기도 한다고 한다(푸른생명한국채식연합, 2001, 162~165쪽).

2) 방건웅(1997); 최원철(1998).

3) 이상구(1996).

4) 이상구(1996); 로빈스(2000).

5) 푸른생명채식연합(2001).

6) 싱어(1999), 176쪽.

7) 우리나라의 동물현실에 대한 구체적 자료를 제시하지 못한 점은 이 논
문의 커다란 한계라고 생각한다. 이는 앞으로의 과제라고 생각한다. 그
러나 대부분의 산업이 서구적 모델을 따라가고 있는 현실에서 미국의
사례는 우리에게 이미 충분히 유의미하게 다가온다고 여겨진다.

8) 로빈스(2000).

9) 얼마 전 호주에서 수입된 소 한 마리가 우사를 뛰쳐나와 농민 2명에게
상처를 입힌 후 달아나 경찰이 수색작업에 나섰다. 이 소는 운송과정에
서 받은 스트레스로 난폭해진 것으로 보는데, 수입산 생우 372마리 가
운데 3마리는 탈진 등으로 폐사했다고 한다(〈한겨레신문〉, 2001.6.6).
여기서 3마리가 탈진해서 죽을 정도였으면 나머지 소들에게도 고통이
만만치 않았을 것임을 짐작할 수 있다.

10) 로빈스(2000).

11) 싱어(1999).

12) 싱어(1999), 109~122쪽.

13) Adams(1994), p. 146.

14) Adams(1994), pp. 145~154.

15) 싱어(1999), 373쪽.

16) Adams(2000), 2장 참조.

17) 로빈스(2000), 120 · 122쪽.

18) Adams(1993).

19) 로빈스(2000), 32쪽.

20) 로빈스(2000), 35쪽.

21) 로빈스(2000), 76 · 79쪽.

22) 싱어(1999), 44~45쪽.

23) 싱어(1999), 57쪽.

24) 싱어(1999), 394쪽.

25) Regan(1980).

26) Donovan(1993), p. 170.

27) 한면희(1997), 277쪽.

28) 싱어(1999), 379쪽.

29) 흥미롭게도 인간이 영성을 회복하여 상생의 시대를 열어갈 때에 다른 동물들도 따라서 변하게 되리라는 담론들이 있다. 성경(이사야)에서도 사자가 풀을 뜯어먹으며 양과 함께 노는 모습으로 낙원을 묘사하는 대목이 있다.

30) Adams(1994), p. 115.

31) 싱어(1999), 379쪽.

32) Luke(1992), pp. 81~82.

33) 감정에 대해서는 Jaggar, Alison M.(1989), "Love and knowledge: Emotion in feminist epistemology"를 참조할 것.

34) Luke(1992), p. 88.

35) Luke(1992), p. 100.

36) 싱어(1999), 106쪽.

37) Donovan & Adams(1996), pp. 14~15.

38) Donovan & Adams(1996), p. 16.

39) Kheel(1985), p. 27.

40) TV는 감정이입을 허용하는 〈동물의 왕국〉 같은 프로그램과 감정이입을 허용하지 않는 축산업에 관한 보도로 나뉘어져있다. 그 결과 야생 호랑이 새끼에 대해서는 온정과 관심이 쏠리지만 돼지 새끼들에 대해

서는 대부분 무관심하다.

41) Adams(1993).

42) Kathryn Paxton George(2000)는 규범적 채식주의(ethical vegetarianism)에 반대하면서 심미적 반(半)채식주의(aesthetic semivegetarianism)을 주장한다. 영양학적인 이유를 근거로 해서 여성과 아이 및 특정 집단들에게 채식주의라는 도덕적 규범이 억압적일 수 있음을 강조한다. 나는 특정 올바름이 또 하나의 억압이 될 수 있다는 문제의식에는 동감을 하지만 이에 대해 그녀가 펴내는 논지에 대해서는 비판의 여지가 많다고 생각한다. 영양학적인 측면은 차치하고서라도, 여성차별과 종차별을 상호 대립되는 양자택일적 문제로 간주하는 그녀의 관점에 동의할 수 없다. 또, 고통 없는 도살을 근거로 해서 육식을 허용해야 한다고 하지만 그녀 스스로도 인정했듯이 현재 안락한 도살의 조건에 따라 만들어진 고기를 먹기란 거의 불가능하다. 그녀의 논의는 방대한 독서량에도 불구하고 영성과 전일성에 대한 몰이해로 인해 문제의 초점을 잘못 맞추었다는 생각이 든다. 그녀의 작업은 에코페미니즘에 대한 감성적 체험 없이 채식주의를 실천하고자 했을 때 초래되는 억압에 대한 반영이어서 체험 없이 '정치적 올바름'을 추구하는 일의 위험에 대한 경종이며, 감정을 배제한 채 논리적으로 해방운동에 참여하는 일의 덧없음을 증명한다고 느껴진다.

43) Kheel(1985), p. 31.

44) 특정 가해자에게 책임을 지우는 일은 너무 단순한 관점일 것이다. 나는 어렸을 때 시골에 사시는 할머니께서 집에서 기르시던 닭을 직접 잡아서 닭고기를 만들어주셨을 때 분명 징그러웠지만 그분의 사랑도 같이 느꼈던 기억이 난다. 우리를 위해 모두가 징그러워하는 그런 일을 하신 그 마음은 한정되었을지언정 사랑의 마음이었기 때문이다. 모든 존재에 대해 똑같은 사랑을 느끼는 '성인'의 상태에 도달하기 전까

지는 우리의 사랑은 한정될 수밖에 없다. 이 한정된 범위를 넓혀나가는 작업이 바로 사회정의에 대한 관심으로 나타나는 것이며 에코페미니즘의 인식 틀은 이를 지구적 차원의 보살핌으로 확대시켜나가고 있는 것이다.

5장 채식주의를 넘어서 채식하기

1) 고기를 안 먹는다는 말을 하면 가장 쉽게 접하는 반응은 ① 한약 드세요? ② 몸이 어디 안 좋으세요? ③ 채식주의자예요?! ④ 동물권 옹호론자예요? ⑤ 다이어트 하세요? 등인데 '불교신자세요?'라는 반응은 한 번도 들은 적이 없다.

2) 사실 그대로 있는 것은 아니다. 서로의 꼬리를 무는 등의 병적인 행동을 하는데, 이것을 방지하기 위해 인간은 그들의 꼬리를 '미리' 잘라낸다.

3) 이에 관해서는 게일 아이스니츠의 『도살장』(2008) 참조할 것.

4) 불과 몇 십 년 전의 한 기사에 의하면 일본에는 도축업이나 제혁업에 종사하는 '불가촉' 천민들이 2~300만이나 있으며 이들과 일반인들 간의 혼인이 용납되지 않고 이들 중 교육 수준이 높은 자가 회사에 취직할 경우 출신이 밝혀지면 간부직에도 등용될 수 없었다고 한다(〈동아일보〉, 1980.12.15).

5) 월드워치연구소(2009)의 보고서에 따르면 지구온난화를 초래하는 온실가스 배출량에 있어 축산업이 차지하는 비중은 무려 51%라고 한다. 이 밖에도 제러미 리프킨의 『육식의 종말』(2002) 참조할 것.

6) 존 로빈스의 『육식, 건강을 망치고 세상을 망친다』(2000), 『음식혁명』(2008) 참조할 것.

7) 채식의 유익함에 대해서는 이광조의 『채식이야기』(2003) 참조할 것.

8) 부처님 당시에 탁발 수행자들에게 삼정육(三淨肉)을 허용했다고 한다.

그러나 이것은 육식을 완전히 끊지 못하는 이들을 위한 방편적인 허용의 의미를 갖는다. 삼정육이란, 나를 위해 죽이는 현장을 목격하지 않은 고기, 나를 위해 죽인 것이란 말을 듣지 않은 고기, 나를 위해 죽인 것이 아닌가 의심이 되지 않는 고기를 말한다.

6장 낙태문제에 대한 불교적 성찰

1) 김성철(2008)의 「불교에서 본 생명개념과 불살생계」 참조할 것.
2) 불교에서 말하는 윤회를 논증하기 위한 시도로는 김성철(2009) 참조할 것.
3) 낙태반대론을 일반화하기는 어렵겠지만 많은 경우에는 여성의 삶과 현실적 맥락에 대한 무지 속에서 낙태라는 현상만을 제거하려는 방식으로 운동이 진행되었기 때문에 여성주의자들과 대립하게 되는 경향이 있다. 아울러 동물보호단체들이 종종 일반인들로부터 비웃음을 사게 되는 이유는 동물보호를 외치면서도 동시에 육식습관을 유지하거나 기타 종우월주의적, 인종차별주의적 행동을 할 때가 있기 때문이다. 특정 생명이나 집단을 보호하고 살리기를 의도하는 노력이더라도 맥락적인 지혜가 부족할 경우 더 큰 반발로 부작용을 불러일으킬 때가 있다.
4) 오진탁(2003), 298쪽.
5) 오진탁(2003), 301~302쪽.
6) 이숙경은 "낙태의 선택권이란 단지 낙태할 수 있는 자유만을 뜻하지 않는다. 성 관계, 임신, 피임, 출산 등 여성의 몸과 관련된 문제들의 결정권이 여성에게 있어야 함을 전제로 하는 것이다"고 말한다(2005, 40쪽). 나는 여기서 낙태의 선택권을 제외한 나머지를 중심으로 여성의 성적 자기결정권이 강조되어야 한다고 보고 있다.
7) 김정일(2003), 102쪽.

주

◆
◆
◆

8) 물론 남성들이라고 해서 죄책감이 없다고 보는 것도 몰이해의 한 방식이다.

9) 이에 대해서는 이숙경(1993) 참조.

10) 이와는 달리 육식문제의 경우에는 대부분의 사람들이 동물살생에 대한 아무런 죄책감이 없다는 점이 더 큰 문제이다.

11) '낙태후 우울해요', 네이버 지식iN, 2007.7.11. (인용된 글은 원문을 그대로 살리기 위해 인터넷에 있는 글 그대로 인용하였음을 밝힌다.)

12) '오늘 낙태수술을 했습니다', 네이버 지식iN, 2010.5.4. (인용된 글은 원문을 그대로 살리기 위해 인터넷에 있는 글 그대로 인용하였음을 밝힌다.)

13) 양현아 엮음(2005) 참조. 그러나 낙태를 재생산권으로 재구성할 경우 자율적 주체의 선택이라는 환상 속에서 아이를 낳을 수 없게 하는 구조적 모순마저도 개개인 여성의 책임으로 전가시키는 결과를 낳는다. 그것은 매춘 여성이 매춘을 할 권리를 주장하는 것과 유사한 비극이라고도 보인다. 따라서 차선의 불행보다는 최선의 행복을 지향하는 개념으로서 차라리 '낙태하지 않을 권리'에 대해서 논의할 필요가 있지 않을까 생각한다. '낙태하지 않을 권리' 개념에는 원치 않는 임신을 야기하는 요인들과 출산을 허용하지 않는 사회적 조건들을 변화시키기 위한 사회적 노력의 필요성이 내포되어 있을 것이다.

14) 대행스님(1927~현재)은 깨달음과 높은 경지로 최고의 선지식으로 인정받고 있으며 1972년에 세운 한마음선원은 국내외에 20여 개가 넘는 지원을 운영하는 국내 최대의 불교신행조직이다.

15) 이철헌 엮음(2008), 341쪽.

16) 한마음선원(1993), 259쪽.

17) 한마음선원(1993), 259쪽.

18) 한마음선원(1993), 259~60쪽.

19) 한마음선원(1993), 845쪽.

20) 대한불교조계종 포교원 포교연구실(1997), 12 · 23쪽.

21) 대한불교조계종 포교원 포교연구실(1997), 25쪽.

22) 한마음선원(1994), 정기법회. 한마음선원 홈페이지(http://www. hanmaum.org) '법공양'에서 검색 가능.

23) 한마음선원(1994).

24) 업식을 영혼이라고도 표현할 수 있겠지만 그것을 실체로 이해하는 기독교적 의미로 오해해서는 안 될 것이다.

25) 『한마음회보』 18호. 한마음선원 홈페이지(http://www.hanmaum.org), 법공양〉법문검색〉현대불교신문 법공양 18호 '중도법' 참조.

26) 한마음 선원(1993), 649쪽.

27) "소가 사람이 되고 사람이 소가 되고 이런 것도 우리는 생각해 볼 수도 없죠? 그런데도 사실이 그런 걸 어떡합니까?"(한마음선원, 1998).

7장 수행자의 관점에서 본 사회참여

1) 여기서 한마음이란 불성, 부처, 본래면목, 참자아 등을 의미한다.

2) 김성구 외(2006), 48쪽.

3) 깨달음은 점차적인 과정이 아닌 단박에 이루어지는 '돈오'이지만 습기를 닦아나가는 '점수'를 전제로 해서, 그리고 깨달음 이전에도 공성에 대한 이해가 깊어지는 정도를 이야기할 수 있다는 점에서 점진적인 측면을 언급한 것이다.

4) 조성택(2009), 11쪽.

5) 조성택(2009), 23쪽.

6) 한국불어불문학회 편(1989), 747쪽.

7) 이것은 사회 환경이 지닌 이분법적 사고방식 – 예컨대 특정 정치적인

이슈와 관련하여 입장을 표명할 것에 대한 압력이 항상 등장한다 – 의 영향을 받는다는 점에서 더 그렇다. 작년에 불교계 낙태예방 담론형성을 위한 한 토론회(대한불교조계종 총무원 사회부 주관, 2010.5.4)에서 낙태불법화를 추진하려는 운동주체들은 기독교나 천주교와는 달리 불교는 사회적 이슈에 대해 대체로 명확한 입장표명을 하지 않는다고 불만을 토로하기도 하였다.

8) 김성철(2000); 박경준(2009); 박정록(2003); 조성택(2009); 조준호(2002).

9) 예컨대 박정록(2003)은 "불교가 현대적인 의미의 정의 개념을 수용하기 위해서는"이라는 표현을 사용하고 있는데 왜 불교가 현대적인 의미의 정의 개념을 수용해야 하는지에 대한 논의가 생략되어 있다.

10) 아래에서 제시하는 몇몇 논자들 외에도 국내외적으로 많은 논의들이 있지만 사회참여의 개념이 대체로 유사하게 사용되고 있기에 논의의 구체성을 위해서 비교적 최근의 국내 논의에만 한정하였다.

11) 조성택(2009), 15~17쪽.

12) 박경준(2009), 165~166쪽.

13) 박정록(2003), 227쪽.

14) 김성철(2000), 327쪽.

15) 권리 개념을 통한 복지의 실현이 어느 정도까지는 효과적이지만 모든 주체를 분리된 개체로 인식하는 관점의 한계 또한 점점 분명해지고 있다. 예컨대 낙태논쟁에서 산모의 권리와 태아의 권리를 대립시켜서 싸우게 되는 경우가 그렇다.

16) 주지하다시피 뉴턴의 고전역학은 절대적 시간과 절대적 공간 속에 객관적 실재가 있다고 전제하는 결정론적 인과율의 세계이지만, 현대물리학은 입자와 파동의 이중성 및 불확정성의 원리 등을 통해 객관적 실재가 허상임을 밝히고 있는 비인과의 세계이다. 김성구 외(2006) 참조.

17) 조성택(2009), 11쪽.

18) 조성택(2005)은 불교 수행의 목적을 열반이 아니라 행복(웰빙)으로 바꾸어야 한다고까지 주장한다.

19) 보다 엄밀하게 말하면 여기서 '내 탓'이라는 것은 남과 구별되는 '나'라는 개인을 두고 말하는 것이 아니라 주관과 객관이 분리되지 않은 본래면목, 나의 불성 혹은 나의 업식을 의미한다. 『한마음 요전』(1993), 541쪽 참고.

20) 필자의 견해로는 이 질문은 상구보리와 하화중생은 질적으로 다른 것인가 여부를 묻는 것과 같다.

21) 조성택(2009), 46~48쪽.

22) 조성택(2009), 49쪽.

23) 김성철(2000), 323쪽.

24) 여기서 '세상의 고통'은 나와 무관하게 나의 외부에 따로 존재성을 갖는 것이 아니다.

25) 비유하자면 이렇다. 직장에서 누군가가 몰상식한 행동을 하거나 부당한 행위를 했을 때 일반적인 반응은 그의 행동을 비판적인 시선으로 바라보는 일이다. 이때 부당한 행위의 주체가 상사이거나 제도적인 영역에 속해있을 때 뜻을 함께 하는 사람들이 소신 있게 문제제기하게 될 수도 있다. 비합리적이고 바람직하지 않은 관행을 변화시키기 위한 노력은 그 자체로 소중한 것이며 불교적 무분별이 이러한 시도를 가로막는 것은 결코 아니라고 본다. 그러나 문제는 첫 단추를 어디서부터 낄 것인가와 관련된다. '누군가가 부당한 행위를 하고 있다'라는 인식의 진실성은 과연 절대적일까? 이것을 돌아보지 않고 그렇게 믿는 습관이 바로 실체론적 사고의 특징이다. ○○○가 부당한 행위를 하고 있다는 인식과 판단을 '내가' 하고 있음을 자각하지 못하는 일이 바로 내가 업식의 지배를 받고 생사윤회를 반복하는 근원이 아닐까. 나의 믿음과 판단이

객관적으로 옳고 그것의 근거가 되는 현실이 객관적으로 실재한다는 믿음이야말로 현상계를 지탱하는 원력이며 이러한 현상계가 실재하는 것이 아님을 알려주는 것이 공성의 가르침이라고 할 수 있기 때문이다.

26) 가지야마 유이치(2002); 권기종(1997), 340쪽 참고.

27) 반야지혜가 자동적으로 자비의 실천으로 이어지는 것은 아니지만(만일 그랬다면 대승불교의 보살사상이 나타날 이유가 없었을 것이다), 자비의 토대를 형성시켜주기 때문에 반야지혜를 떠나서는 자비를 논할 수 없다.

28) 『소품반야바라밀경』(T8), 549a.

29) 『대반야바라밀다경』(T5), 636쪽 참조할 것.

30) 물론 이것은 모든 중생의 자연스러운 특성일 뿐이다. 다만 무아의 관점에서만이 올바름에 대한 집착을 놓아버릴 수 있다는 사실이 중요하다는 것이다.

31) 이희재(2007).

〈국내문헌〉

권기종(1997), 「보살의 삶에 의한 사회정의의 실현」, 개교90주년기념 세계
　　불교학술회의준비위원회, 『21세기 문명과 불교』, 한국언론자료
　　간행회.

김성구 외(2006), 『현대물리학으로 풀어본 반야심경』, 불광출판사.

김성철(2000), 「시민운동에 대한 불교의 고언」, 『불교평론』 제2호.

＿＿＿(2008), 「불교에서 본 생명개념과 불살생계」, 『불교평론』 37호.

＿＿＿(2009), 「진화론과 뇌과학으로 조명한 불교」, 『불교평론』 40호.

김정일(2003), 「의학적인 측면에서 본 낙태의 폐해」, 『불교와 문화』 no.31(no.51),
　　대한불교진흥원.

大正新修大藏經, 『대반야바라밀다경』(T5).

大正新修大藏經, 『소품반야바라밀』(T8).

대한불교조계종 포교원 포교연구실(1997), 「낙태와 안락사에 대해 어떻게
　　판단할 것인가」, 『법회와 설법』 제31호.

박경준(2009), 「불교 공업설의 사회학적 함의–'사회적 실천'에 대한 논의

　　　　를 중심으로」, 『불교학보』 52집.

박정록(2003), 「불교와 사회정의」, 『회당학보』 8집.

방건웅(1997), 『신과학이 세상을 바꾼다』, 정신세계사.

양현아 엮음(2005), 『낙태죄에서 재생산권으로』, 사람생각.

오진탁(2003), 「불교적 관점에서 본 낙태 문제」, 『오늘의 동양사상』 no. 9, 예문동양사상연구원.

이광조(2003), 『채식이야기』, 연합뉴스.

　　　　(2008), 『역사 속의 채식인 – 피타고라스에서 뉴턴까지』, 살림출판사.

이상구(1996), 『이상구의 新 건강선언』, 여성신문사.

이숙경(1993), 『미혼여성의 성에 관한 연구 – 낙태행위를 중심으로』, 이화여대 여성학과 석사학위논문.

　　　　(2005), 「미혼여성의 낙태경험」, 양현아 편, 『낙태죄에서 재생산권으로』, 사람생각.

이철헌 엮음(2008), 『대승불교의 가르침』, 문중.

이희재(2007), 「반야사상의 현대적 의의」, 『한국불교학』 48집.

조성택(2005), 「웰빙으로서의 불교 –깨달음의 불교에서 행복의 불교로」, 『대순사상논총』, 대진대 대진학술원.

조성택(2009), 「'깨달음의 사회화'에 관련한 몇 가지 고찰」, 『불교학연구』 제24호, 불교학연구회.

조준호(2002), 「초기불교의 사회적 실천운동」, 실천불교전국승가회 불교포럼, 『실천불교의 이념과 역사』, 도서출판 행원.

최원철(1998), 『생명에는 동서가 따로 없다』, 제이프로.

푸른생명한국채식연합(2001), 『채식물결』(회원용).

한국불어불문학회 편(1989), 『佛韓中辭典』, 삼화서적주식회사.

한마음선원(1993), 『한마음 요전』, (재)한마음선원.

　　　　, 『한마음회보』 18호, (재)한마음선원.

_____(1994), 『한마음회보』 80호, (재)한마음선원.

_____(1998), 「제주지원 법회(1998. 2. 28)」, 『허공을 걷는 길 1 – 국내 지원법회』, (재)한마음선원.

한면희(1997), 『환경윤리』, 철학과 현실사.

한울벗(2001), 『채식은 사랑입니다』, 푸른나라건강실천회.

〈번역서〉

가지야마 유이치, 김재천 역(2002), 『대승과 회향』, 여래.

게일 아이스니츠(2008), 『도살장』, 시공사.

아난다 미트라(1992), 『명상인을 위한 채식』, 아난다 마르가.

제러미 리프킨(2002), 『육식의 종말』, 시공사.

조지 웨스트보 · 마거릿 웨스트보 공저, 정소영 역(2007), 『(채식하는 사자) 리틀타이크』, 책공장더불어.

존 로빈스, 이무열 역(2000), 『육식, 건강을 망치고 세상을 망친다』 1 · 2, 아름드리 미디어.

존 로빈스(2008), 『음식혁명』, 시공사.

캐럴 J. 아담스(2006), 『육식의 성정치』, 미토.

피터 싱어, 김성한 역(1999), 『동물해방』, 인간사랑.

하워드 F. 리먼, 김이숙 옮김(2001), 『성난 카우보이』, 문예출판사.

〈외국문헌〉

Adams, Carol J.(1993). "The Feminist Traffic in Animals". *Ecofeminism: Women, Animals, Nature*. ed. by Greta Gaard. Temple University Press.

Philadelphia.

_____(1994). *Neither Man nor Beast - Feminism and the Defense of Animals*. Continuum. New York.

_____(1995). "Caring about Suffering: A Feminist Exploration". in Donovan, Josephine & Carol J. Adams(1996). *Beyond Animal Rights. A Feminist Caring Ethic for the Treatment of Animals*. Continuum. New York.

_____(2000). *The Sexual Politics of Meat*(1990). Continuum. New York.

Curtin, Deane(1991). "Toward an Ecological Ethic of Care". *Hypatia* vol.6, no.1

Donovan, Josephine(1993). "Animal Rights and Feminist Theory". in *Ecofeminism: Women, Animals, Nature*. ed. by Greta Gaard. Temple University Press. Philadelphia

Donovan, Josephine & Carol J. Adams(1996). *Beyond Animal Rights. A Feminist Caring Ethic for the Treatment of Animals*. Continuum. New York.

Donovan, Josephine(1993). "Animal rights and feminist theory" in Gaard, Greta (ed). *Ecofeminism - Women, animals, nature*. Temple University Press. 1993.

Gaard, Greta(ed)(1993). *Ecofeminism: Women, Animals, Nature*. Temple University Press. Philadelphia

George, Kathryn Paxton(2000). *Animal, Vegetable or Woman? A Feminist Critique of Ethical Vegetarianism*. State University of New York Press. Albany.

Jaggar, Alison M.(1989). "Love and knowledge: Emotion in feminist epistemology", *in Gender/Body/Knowledge: Feminist Reconstructions of Being and Knowing*. Rutgers University Press. New Brunswick.

Kheel, Marti(1985). "The Liberation of Nature: A Circular Affair".

Environmental Ethics. vol.7, no.2.

Luke, Brian(1992). "Justice, Caring, and Animal Liberation". in Donovan,
    Josephine & Carol J. Adams(1996). *Beyond Animal Rights. A Feminist
    Caring Ethic for the Treatment of Animals*. Continuum. New York.

Pettus, Katherine(1997). "Ecofeminist Citizenship". in *Hypatia* 12, no.4.

Regan, Tom(1980). "Animal Rights, Human Wrongs". *Environmental Ethics*,
    Summer, vol.2, no.2.

채식주의를 넘어서

◆
◆
◆

채식주의를 넘어서

인쇄 · 2011년 10월 28일 | 발행 · 2011년 11월 5일

지은이 · 고미송
펴낸이 · 한봉숙
펴낸곳 · 푸른사상
주간 · 맹문재 | 편집 · 김재호 | 마케팅 · 이철로

등록 · 1999년 7월 8일 제2-2876호
주소 · 서울시 중구 초동 42번지 아시아미디어타워 502호
대표전화 · 02) 2268-8706(7) | 팩시밀리 · 02) 2268-8708
이메일 · prun21c@hanmail.net / prun21c@yahoo.co.kr
홈페이지 · http://www.prun21c.com

ⓒ 2011, 고미송

ISBN 978-89-5640-864-4 93330
값 16,000원